Francisco Javier Fernández Martín
Manual de Photoshop CS2-CS3-CS4. Similar a ediciones nuevas.
ISBN: 9798856994901
ISBN Tapa Dura: 9798856995113

ÍNDICE

Francisco Javier Fernández Martín.

1.- Tampón de clonar.

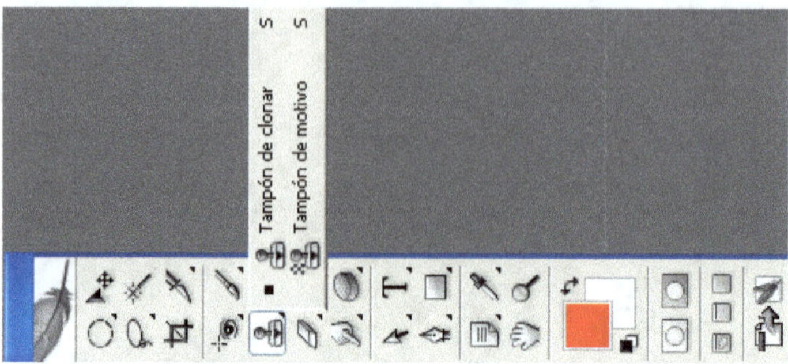

Sirve para arreglar imágenes, aunque va destinado para el arreglo de fotografías, copia partes de la imagen.

El tamaño es el área de clonado.

Debería ser un poco más grande que lo que queremos que desaparezca.

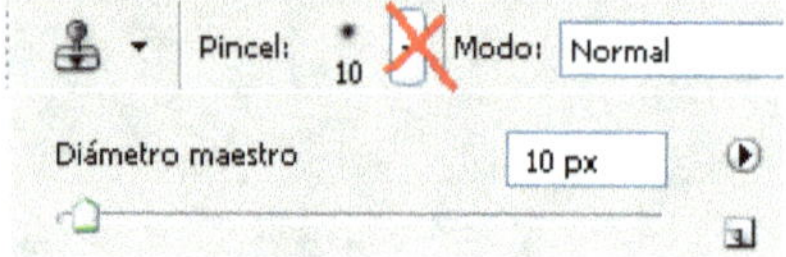

Tabulación: desaparecen las herramientas.

Definir el área de clonar: alt + clic.

Hacerlo lo más cercano posible para igualar zonas y colores.

Te pones en la capa que sea, das a control y se selecciona lo de esa capa, pinchando en la miniimagen.

Cuando cojo muestra muy cerca, hay que ir soltando, dado que si no arregla en función de la última muestra.

La dureza: mientras más duro sea más se marca el píxel. Difumina y no se nota el pincel, esto sería como un caldo.

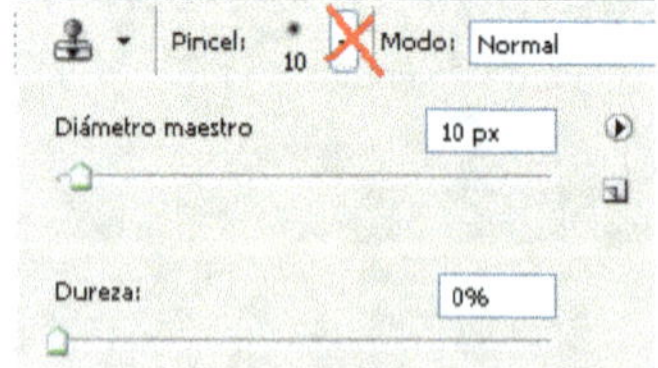

Opacidad: clona con poca fuerza, quizá en cortes se usa un 80% o así.

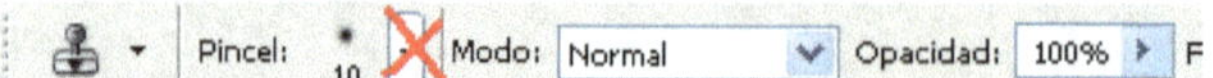

Jugando con la opacidad, conseguirás que no haya cortes, por ejemplo, al arreglar vestidos de colores claros y oscuros, o entre piezas con contrastes claros y oscuros.

Tampón alineado: si no marcas esta opción el punto de origen es siempre el mismo, y no es paralelo.

Lo normal es que la casilla alineada esté marcada.

2.- Capas y máscaras.

Utiliza las capas como papel cebolla. Podemos tener capas como queramos.
Tiene un candado que está bloqueada.

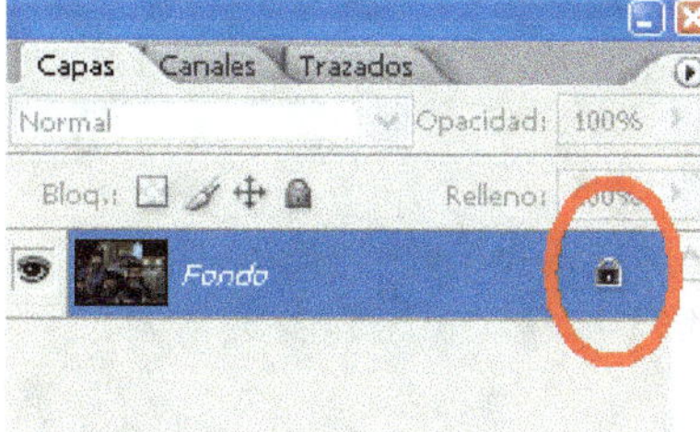

Debemos desbloquearlo:

Haciendo doble clic en la capa *fondo*. Nombre capa 0 o el que quieras.

Cada vez que copiamos y pegamos, creará capa nueva.

Documento original:

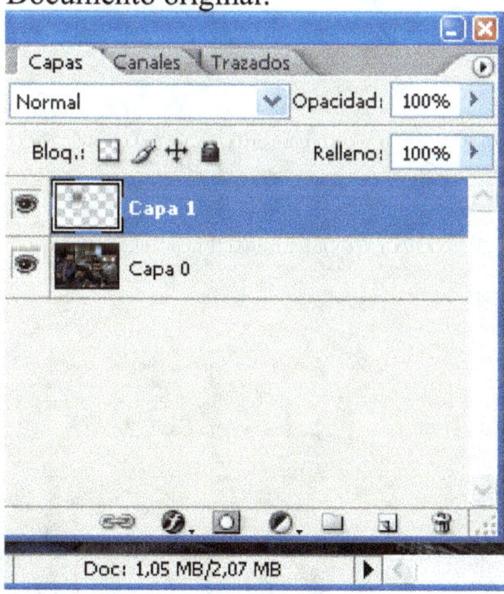

1,05 MB – tamaño original.
2.07MB – tamaño total con todas las capas.

Capa de texto: capa modificable como texto.

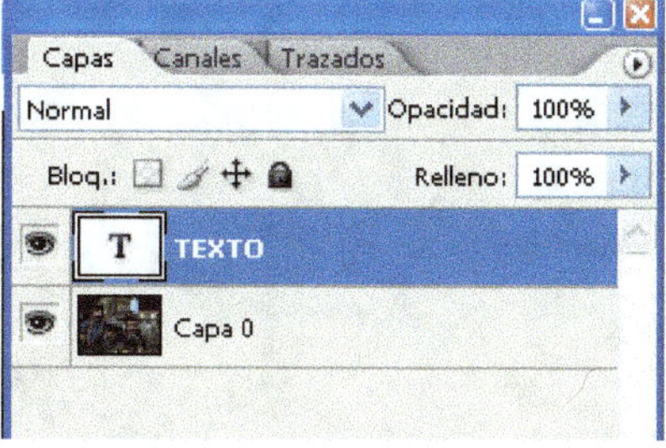

Podemos convertir una capa de texto en una de bits, dado que si alguien abre el PSD, y no tiene la fuente, no podrá ver el texto con esa fuente:

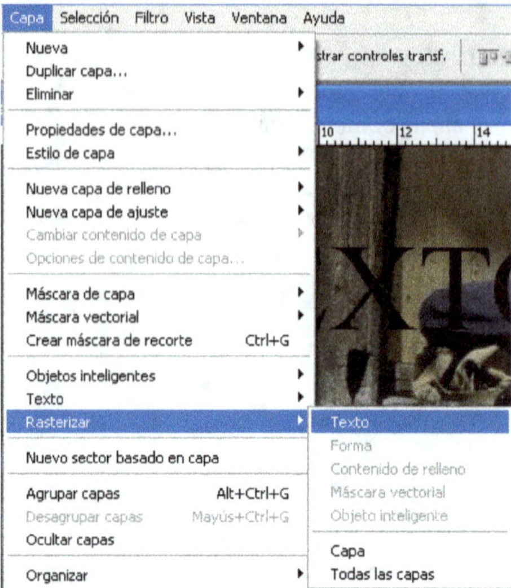

Modos de capas:

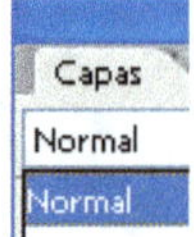

Dependiendo de lo que tenga la capa anterior (colores y demás), afectará de una forma u otra.

Organizar capas en capetas:

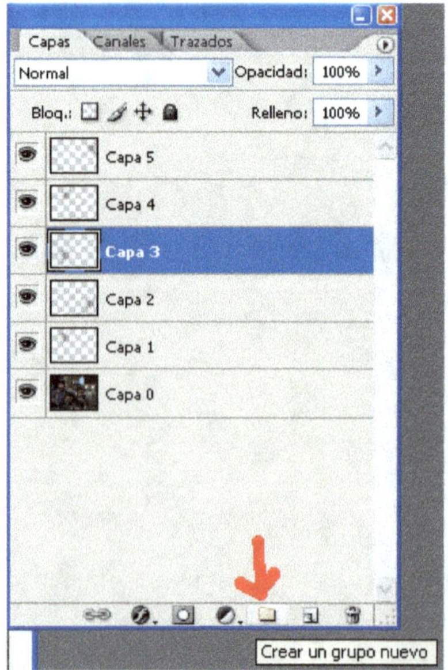

Para crear tipos de Capas, ya sean de ajuste, color, etc.

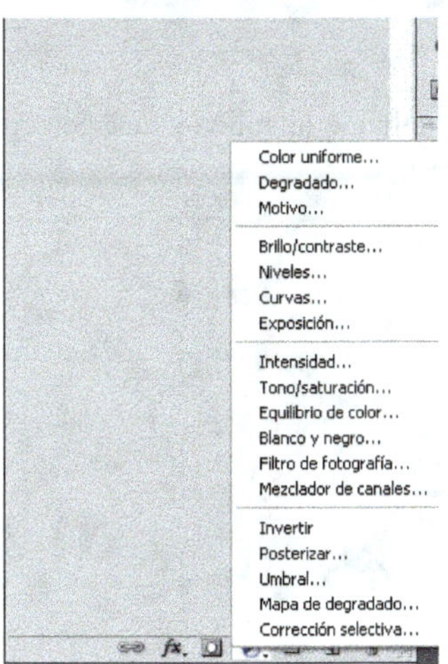

Si necesitamos mover varias capas:

Shift (seleccionas varias) O CTRL (seleccionar de una en una):

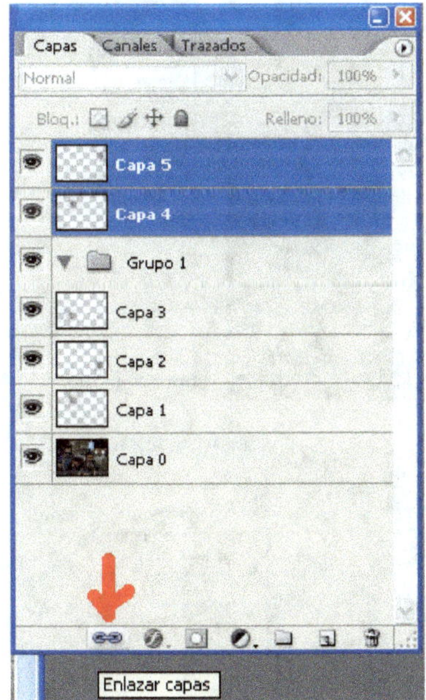

3.- Fundidos.

Máscara rápida: Es una herramienta de selección rápida, la hago, la aplico y desaparece.
Vamos a A, y arrastramos a la imagen donde la queramos tener.

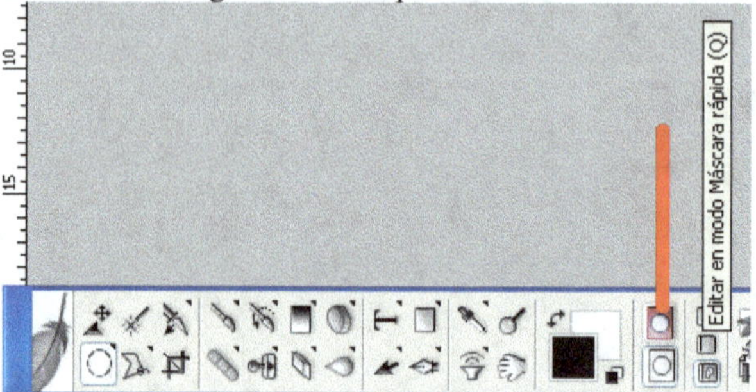

En este modo solo podemos seleccionar, cualquier herramienta de pintura:
Lápiz, pincel, bote de pintura, degradado, borrador. Con la pluma NO.
Probaremos con el degradado.
Negro = pintar
Blanco = borrar.

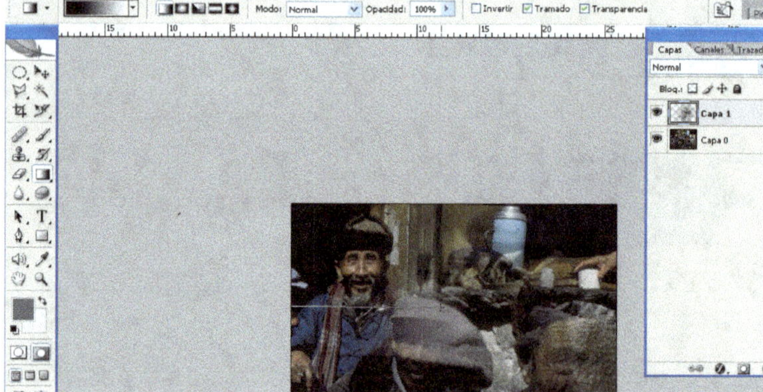

El color frontal debe ser negro, así se realizará el fundido.
Todo lo que no esté de rojo, no se selecciona.

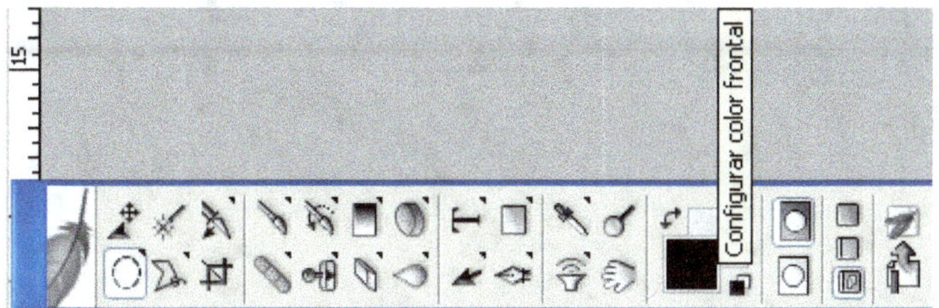

El color frontal, debe estar siempre en negro, si es gris u otro color, no seleccionará.

Los pinceles con dureza 0, harán que la transición (el corte de las 2 imágenes) se note menos,
que quede menos corte entre imágenes.

Dentro de las herramientas texto:

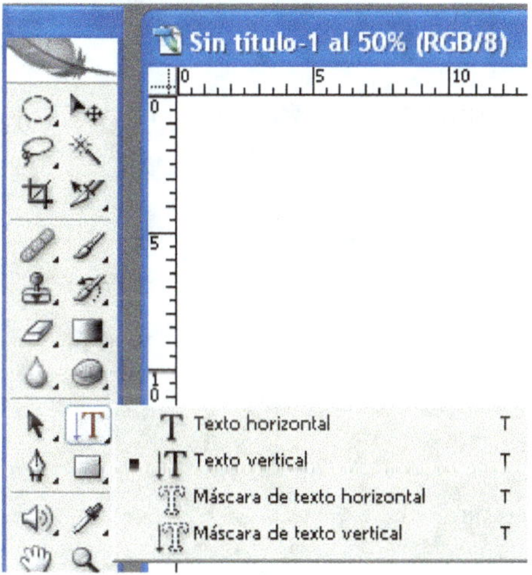

La máscara de texto horizontal-vertical:
All hacer clic, aparece como máscara de capa rápida, la creamos y desaparecerá, ahí
podremos editarla, pero una vez que soltemos, será una selección: podríamos pintarlo,
(creando nueva capa):
Por ejemplo con un degradado:

Podríamos coger una parte de una foto, con la forma de letras y esa "textura". Selección /
transformación libre.

Si quieres invertir la selección, para eliminar el dibujo y dejar dibujo con forma de texto:
selección / invertir / suprimir.

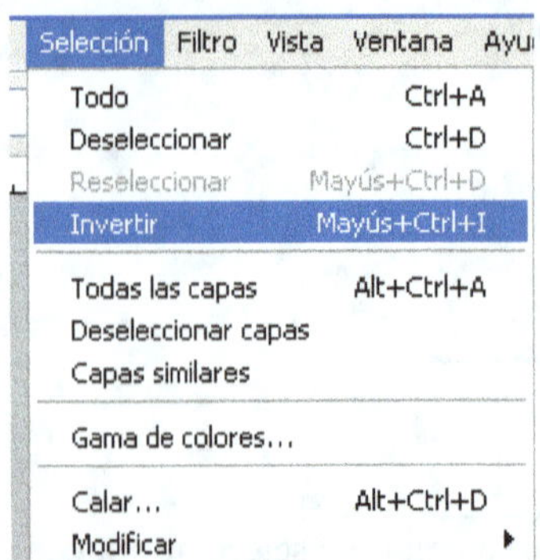

Y si lo que quieres es que de deje el dibujo entero, pero con una forma de texto borrada, simplemente suprimir.

Esto es una herramienta de selección, no es una herramienta de texto.

4.- Transformar.

Edición / transformar libre o control + T:

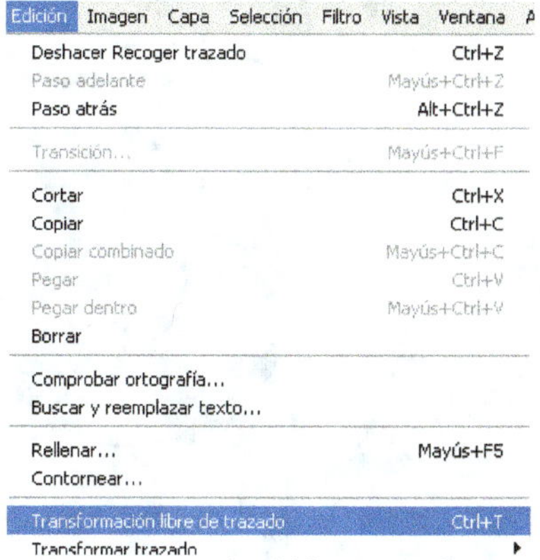

Con shift se transforma homogéneamente, sin shift se transforma sin
Con control, crea perspectiva.

Pero hay más formas de transformar…

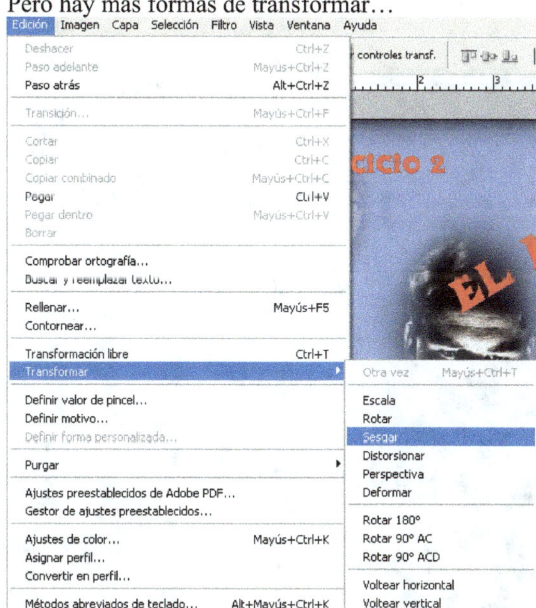

Podemos tener manejadores:

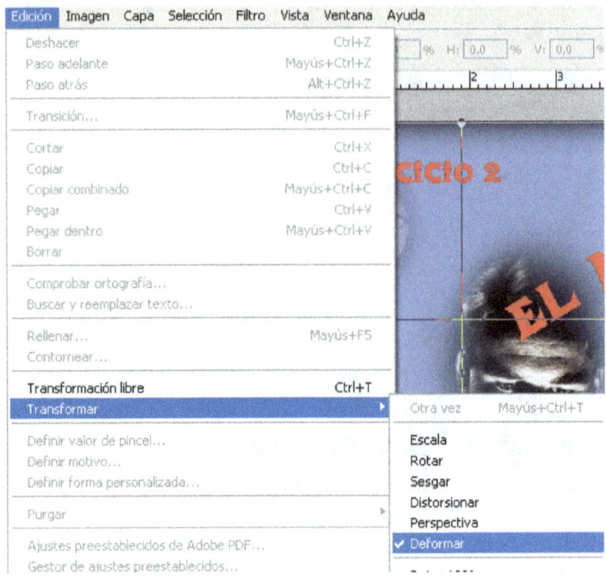

Con los puntos de intersecciones se puede deformar una imagen para ajustarla, como a una taza, a un cristal de un coche, etc.

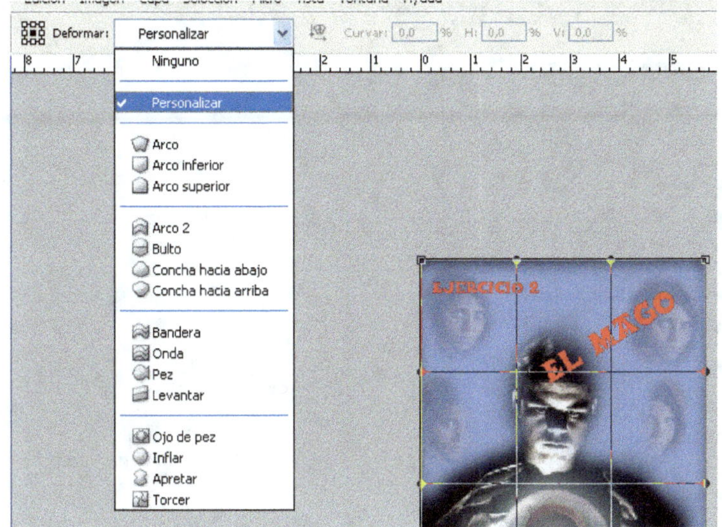

Con control + T presionado, una vez estés en transformar, la imagen puede sergarse, moverse, deformarse… con la barra que sale arriba.

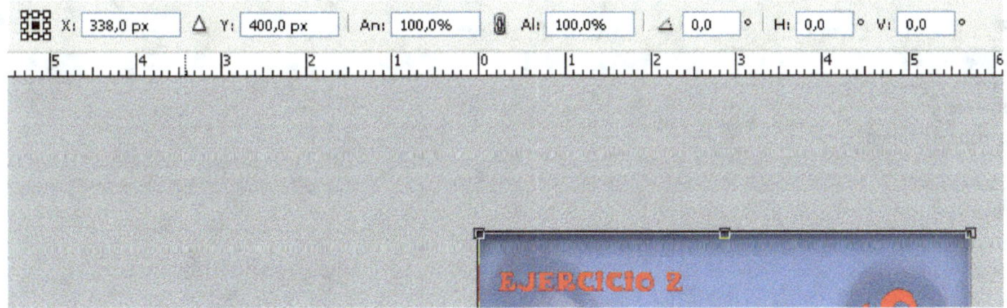

5.- Cuenta gotas.

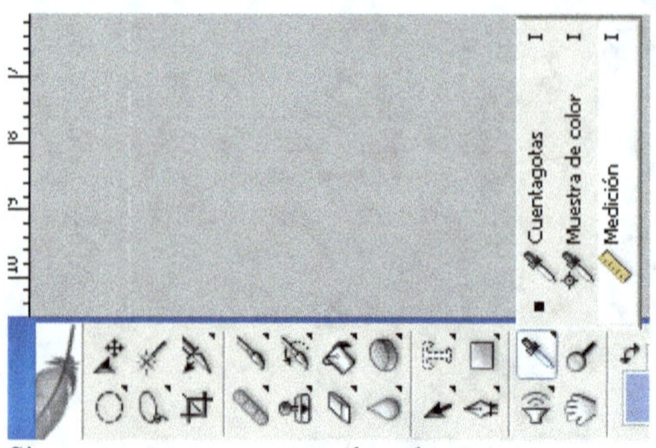

Sirve para coger muestras de colores.
Con alt presionado, cogerá la muestra para el fondo.
Las propiedades son:

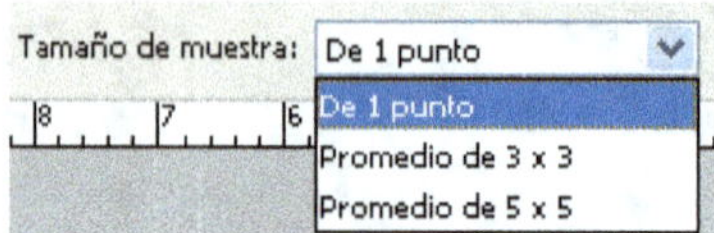

Lo ideal para coger un color homogéneo sería poner promedio de 5 x 5

Tenemos una opción para medir la cantidad de color:

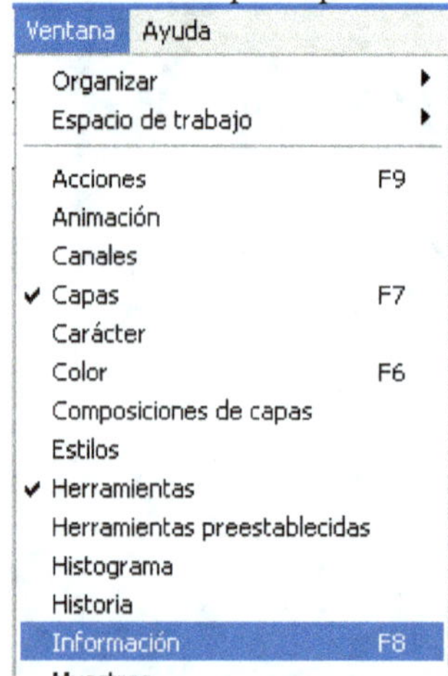

Marcamos de un punto a otro: y observamos las 2 posibilidades:

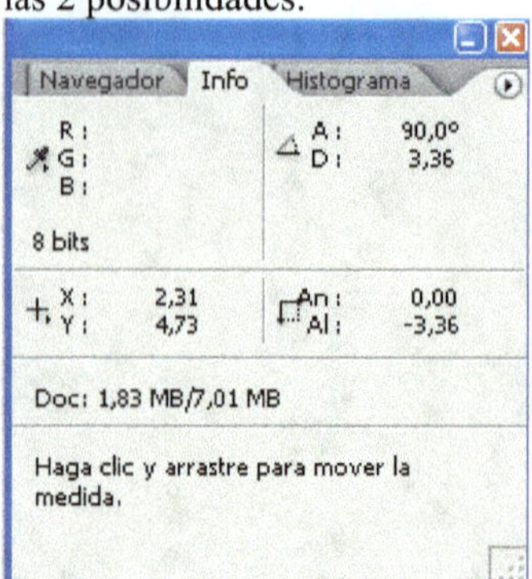

Muestras de color:
Mostramos la cantidad de RGB que tenemos en la imagen:

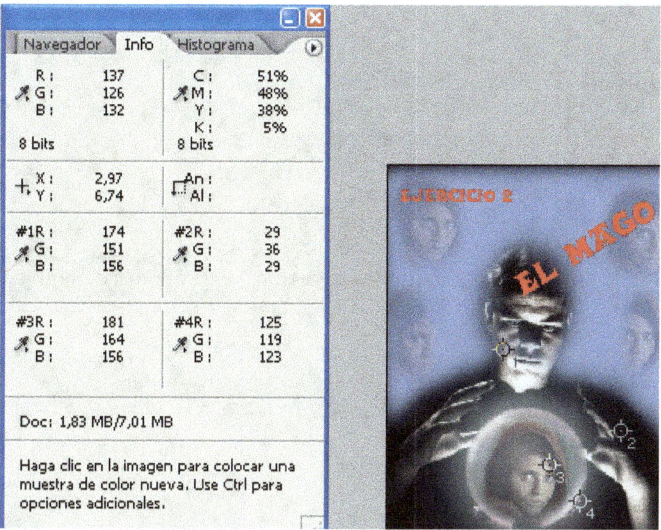

Botón derecho, y eliminamos el punto, lo máximo son 4 puntos. Este también tiene promedios.

Hagamos un relleno:

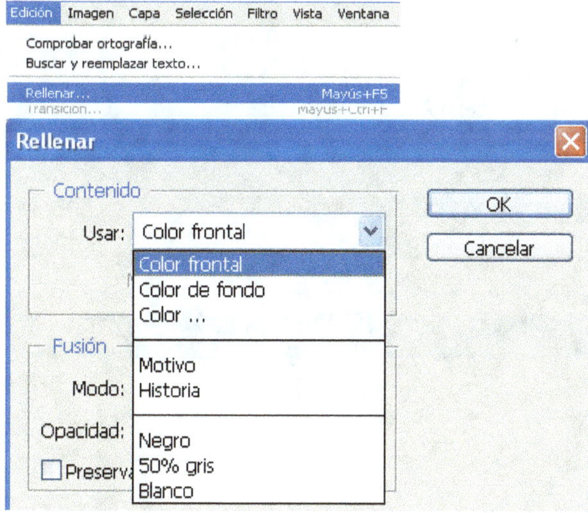

Imaginemos que queremos un motivo, solo podríamos hacerlo rectangular y calado 0.

Primero seleccionamos la parte que queramos de la imagen: 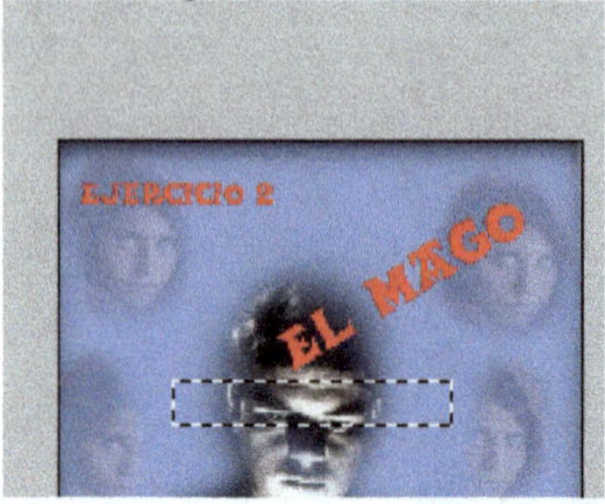 (siempre tiene que ser con rectángulo)

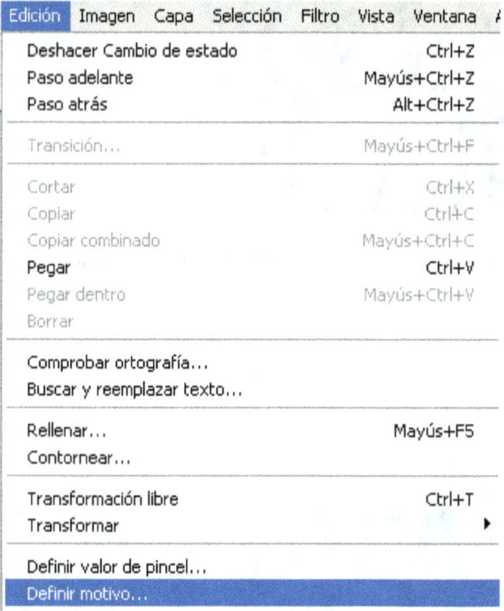

una vez ahí, iremos a edición y definiremos el motivo

Edición	Imagen	Capa	Selección	Filtro	Vista	Ventana
Deshacer Cambio de estado						Ctrl+Z
Paso adelante						Mayús+Ctrl+Z
Paso atrás						Alt+Ctrl+Z
Transición...						Mayús+Ctrl+F
Cortar						Ctrl+X
Copiar						Ctrl+C
Copiar combinado						Mayús+Ctrl+C
Pegar						Ctrl+V
Pegar dentro						Mayús+Ctrl+V
Borrar						
Comprobar ortografía...						
Buscar y reemplazar texto...						
Rellenar...						Mayús+F5
Contornear...						
Transformación libre						Ctrl+T
Transformar						►
Definir valor de pincel...						
Definir motivo...						

Pondremos el nombre del motivo:

Una vez tengamos el motivo:

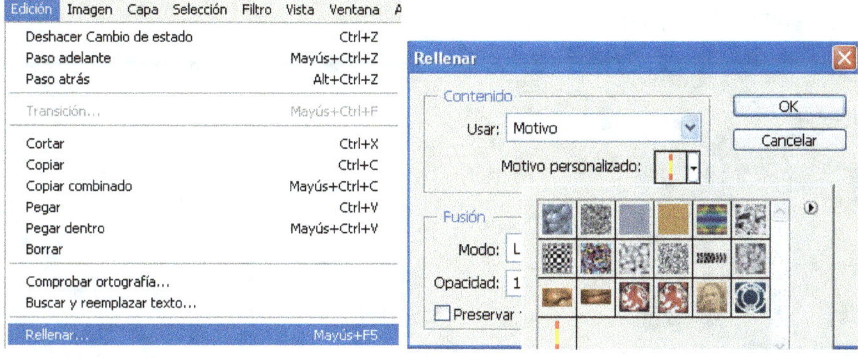

Máscara de capa (ejercicio Nº 5 – Ventana e Igor)

Seleccionamos el trazado:

Edición / pegar dentro conseguimos que pegue dentro de un trazado, para ello has de tener un trazado realizado con la pluma.

Creará una capa nueva, una máscara de capa. Dentro de la máscara de capa, con área negra no es visible, solamente es visible el área blanca.

¿Cómo trabajaremos la máscara?

Con herramientas de pintura, si pintas con blanco se hará visible, si pintas con negro, desaparecerá.

Si pinchas en la capa del pato, moverás el pato, si pinchas en la del trazado, moverás el trazado, y si pinchas entre ambas capas, moverás las 2 juntas.

6.- Canales.

Muestra la cantidad de color de cada foto.

En el caso del CMYK, muestra la cantidad de color que hay en la imagen.
Para ver la cantidad de canales:

Escala de grises:

RGB

CMYK

LAB

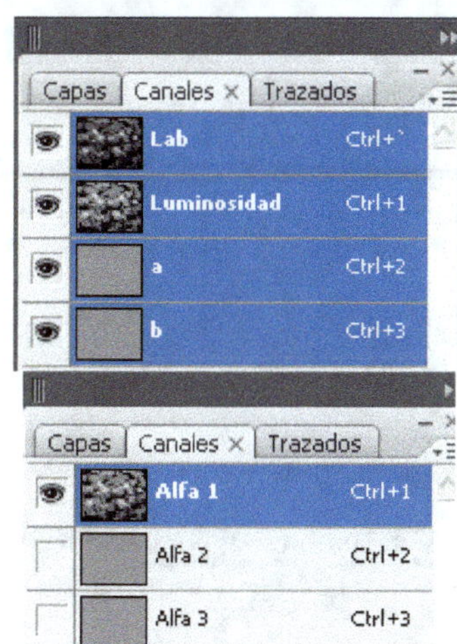

Multicanal

Los canales se pueden borrar, pinchas encima con el botón derecho, y das a eliminar.

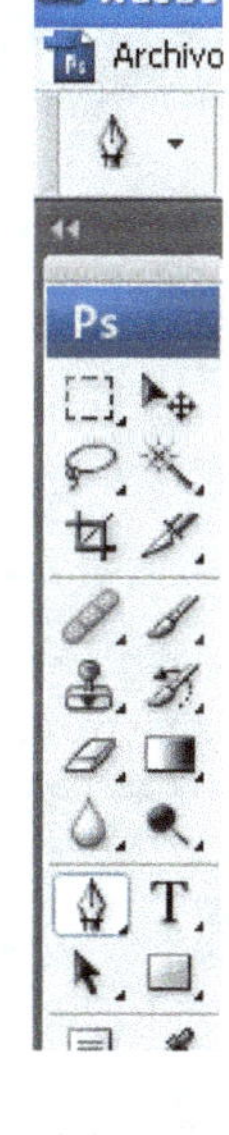

En este caso, contienen el color de una imagen.

Canales de selección: creamos selecciones dentro de los canales:
Con la herramienta de la pluma seleccionamos lo que queremos:

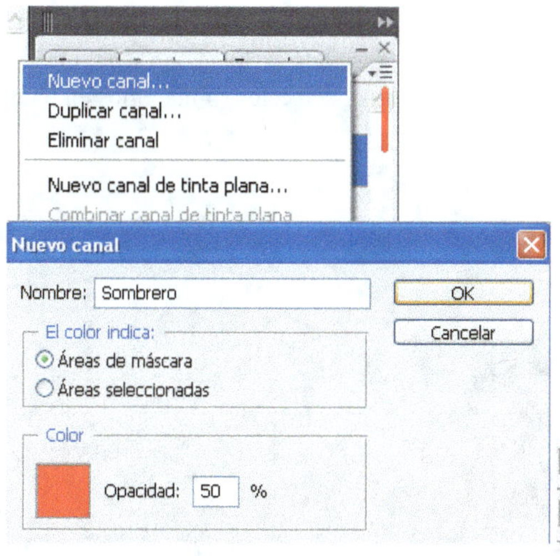

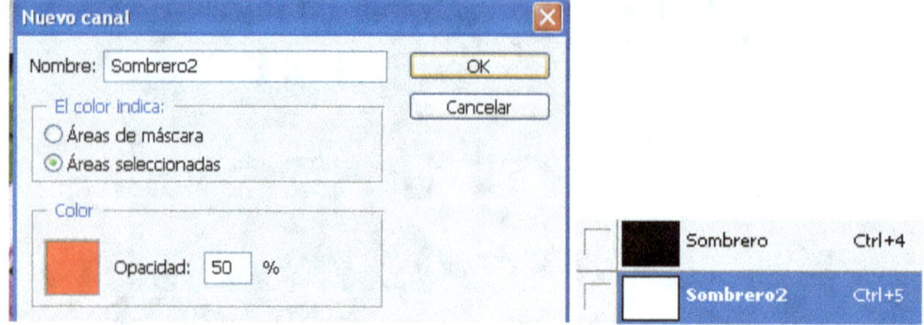

Para hacerlo de un modo o del opuesto.

Pinchamos en sombrero2, poniéndolo en azul,

con la herramienta de pintar (pincel) 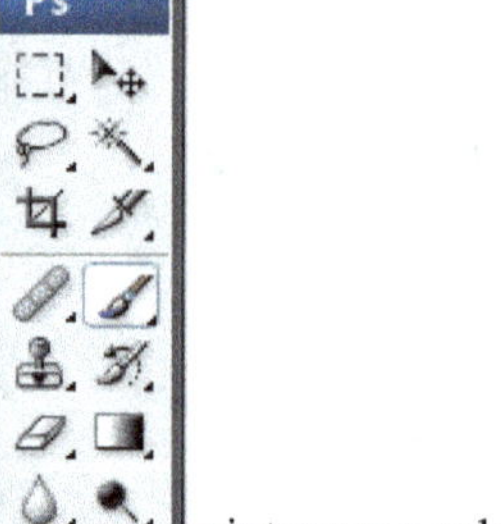 pintaremos sobre el objeto deseado, para seleccionar, usaremos el color negro, y si queremos eliminar selección, pintaremos en blanco.

Así seleccionamos:

y así, deseleccionamos:

Siempre estamos en el sombrero2, si por un casual estuviéramos en sombrero, sería exactamente al revés, lo que queramos seleccionar debería ir en blanco.

La opacidad sirve para poder delimitar, y permitir seleccionar mejor:

¿Se pueden hacer calados? Sí, con el pincel, en función de la dureza.

La diferencia entre esta herramienta y las otras de selección, es que una vez has seleccionado, perderías la selección, de esta forma la mantienes.
Respecto al trazado no tiene ventajas, son muy similares, lo bueno es que lo puedes guardar y lo puedes usar en otro momento.

La finalidad de esto, es hacer selecciones.

Práctica número 5.

7-. Colorear partes.

Aprenderemos a dar color a un área seleccionada, ya sea por canal o por selección directa, con la herramienta pluma, lazo, etc.

Con control presionado, hacemos clic en el canal:

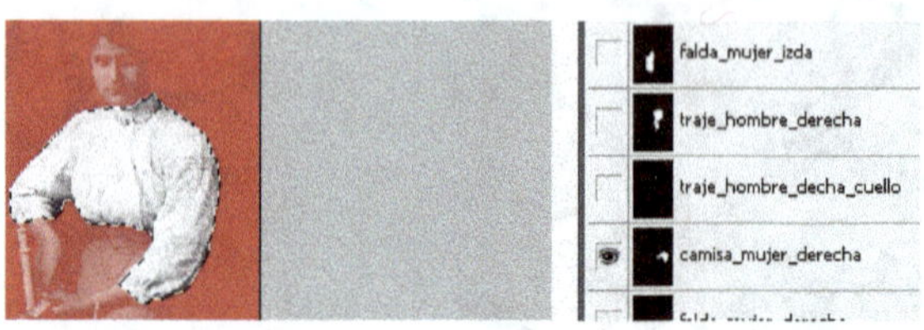

Para colorear:

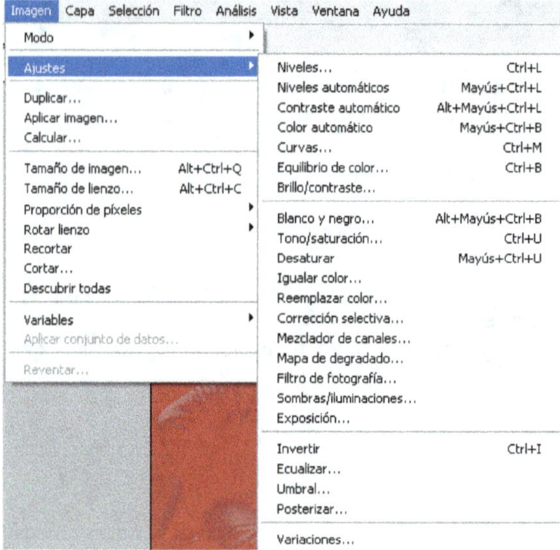

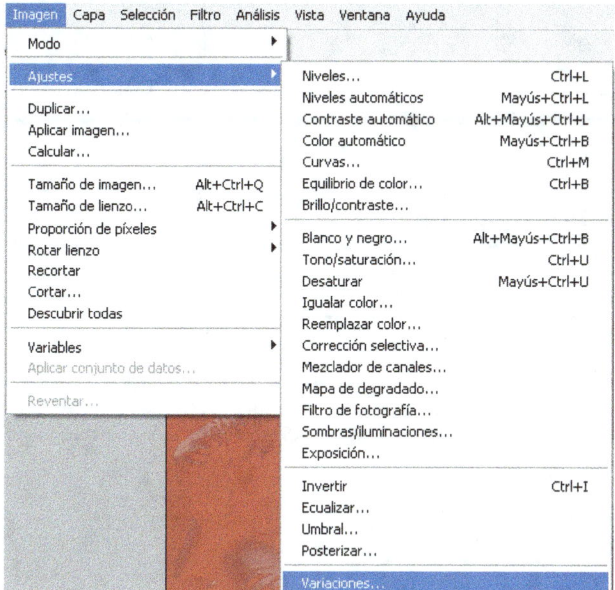

Si por algún casual, salieran en blancos y negros, deberíais ir a la pestaña canal, y seleccionar todos los de RGB o CMYK. (este es uno de los mejores métodos para colorear, aunque también el de tono y saturación es muy funcional.

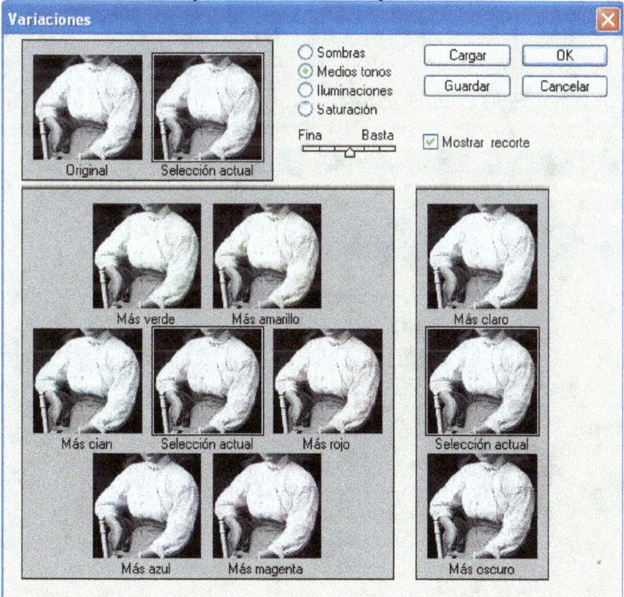

En la opción de fina o basta, iremos coloreando más, lo normal es por en medio,

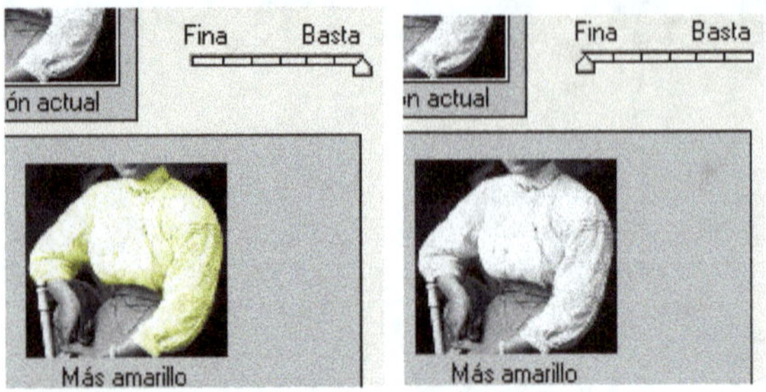

En la ventana de la derecha da saturación, más claro, o más oscuro.
Para ir coloreando, vamos pinchando en cada cuadrado con el objeto:

Daremos a aceptar.

Si queremos volver a entrar, ya no es como el original, si queremos partir del original, hay que hacer clic en el original.

Y si queremos que vuelva a ser blanco, saldremos y daremos control + alt + z

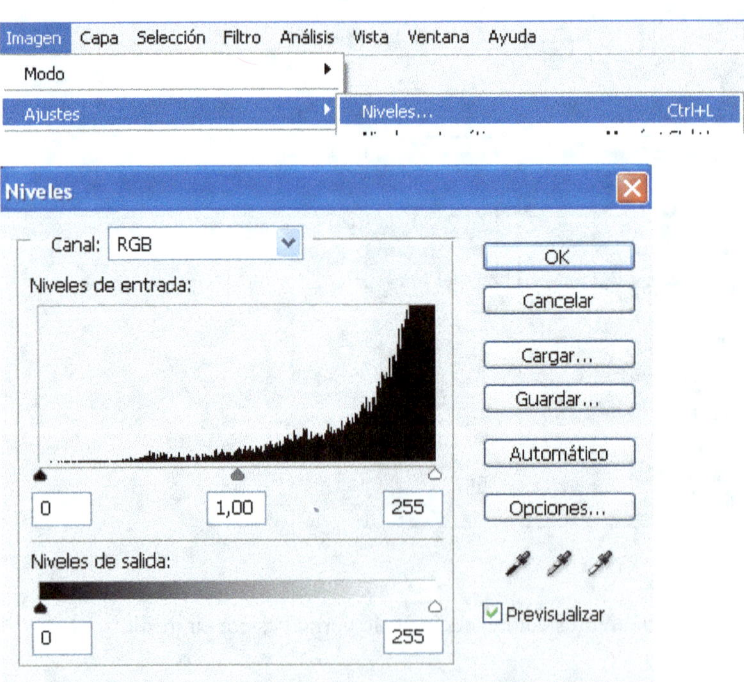

Se utiliza para compensar blancos y negros, Si la imagen tuviera muchos picos, estaría desequilibrada.

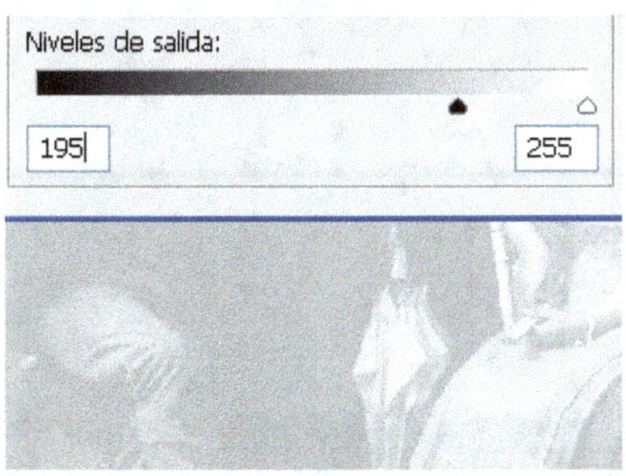

Con esto, podemos escribir encima, consiguiendo así aclarar la imagen, y si fuera a la inversa,

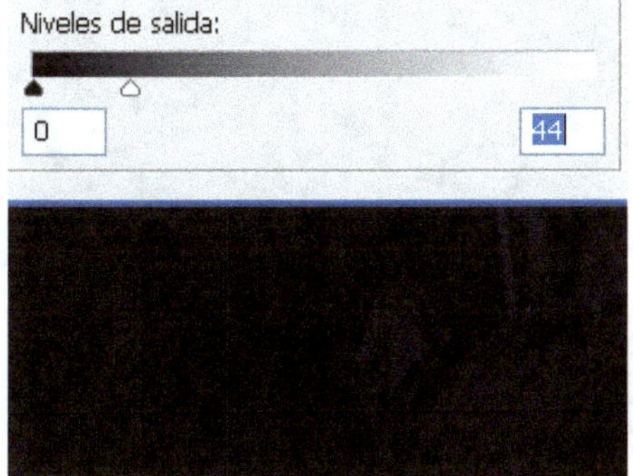

Oscureceríamos. Elimina niveles de color, de todos los colores, o bien los oscurece.

De esta forma podríamos hacer lo mismo arriba, oscurecer la imagen, o no.

- Cuentagotas de las sombras (izquierda del todo).
Con esto se contrasta la imagen, para ello seleccionamos el cuentagotas, y vamos a la zona más oscura.

Para un fotógrafo, el mejor blanco es el puro, porqué se consigue la mayor temperatura, pero en impresión, en arte puro es lo peor que hay, eso es la inexistencia de punto.

Con el negro contrastamos, y con el blanco damos luz, aclaramos la imagen.
Esta herramienta es útil para "redefinir puntos", aclarar la imagen, y conseguir contrastes para definir mejor los puntos de la imagen.

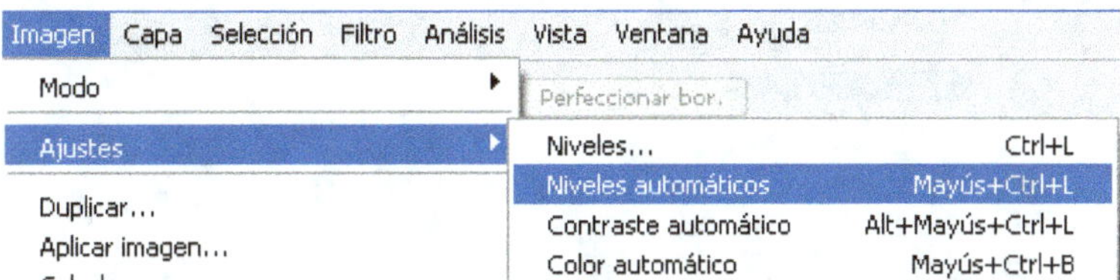

Las opciones automáticas, no sirven para mucho, es mejor hacerlo manualmente.
Los cielos, siempre tiran a ir hacia magentas, nosotros deberíamos tirar hacia azules.

Para hacer la selección de una zona, pues con el lazo, la pluma o con canales, seleccionamos el área que queramos retocar:

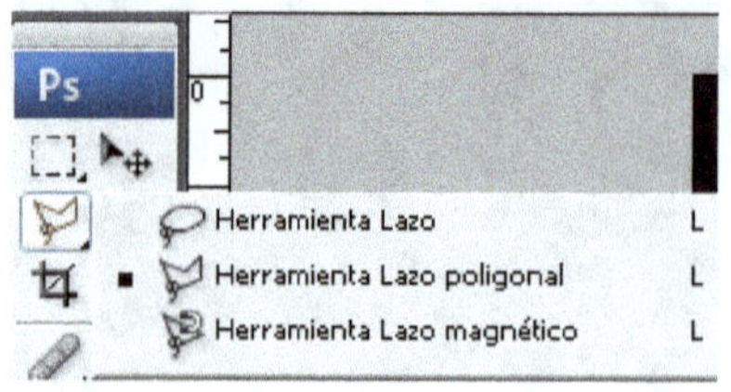

Deberíamos meterle un calado:

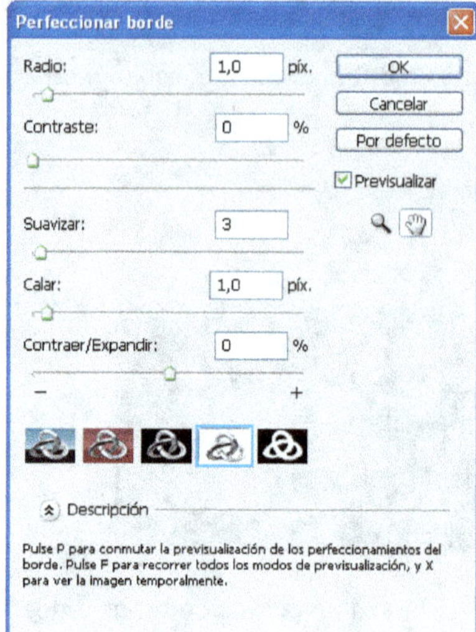

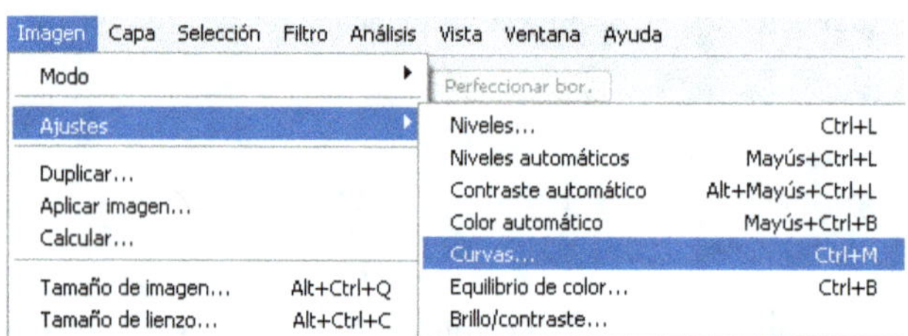

Deberíamos tenerlo en CMYK:

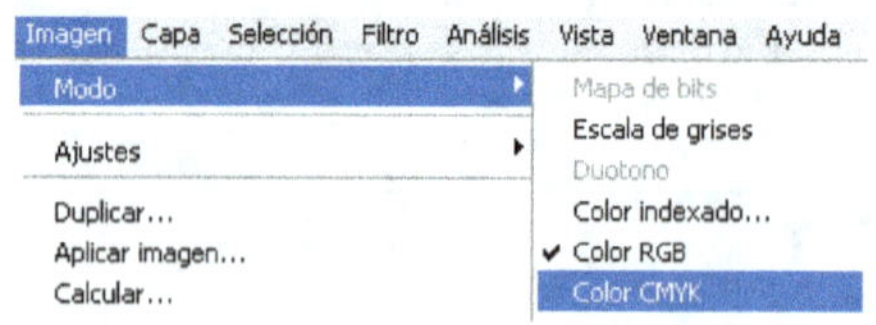

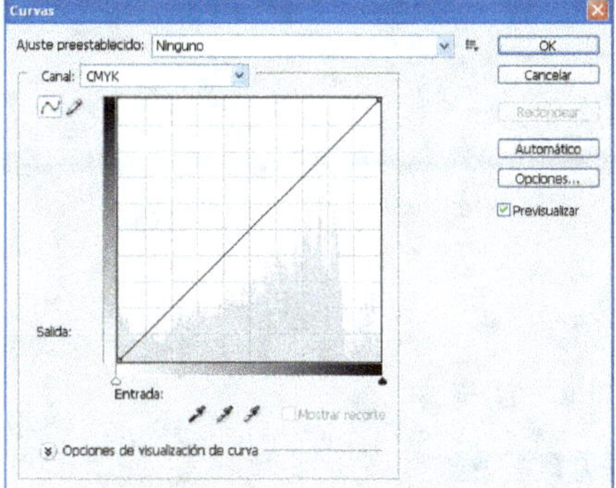

Por ejemplo, si quisiéramos quitar los rojos:

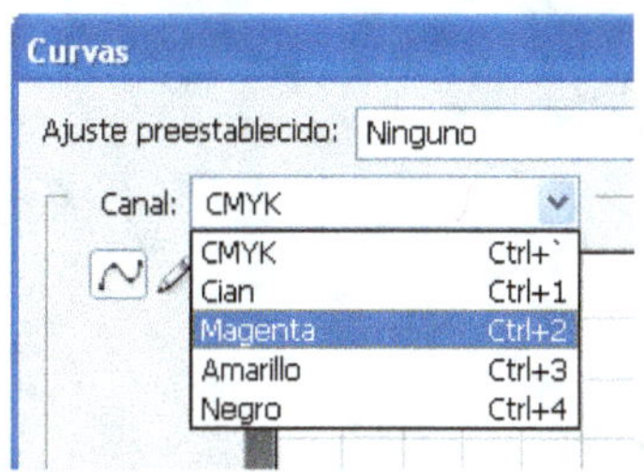

Y después sería ir cambiando las curvas:

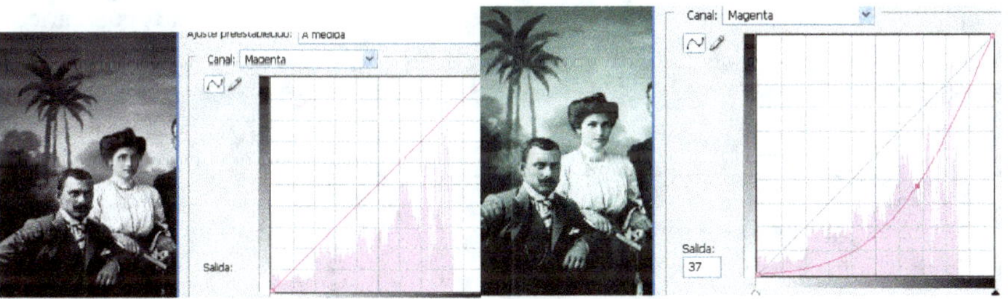

Sería ir retocando todo esto.

También podemos hacerlo a mano alzada, pero no es aconsejable, pinchando en la opción del lápiz.

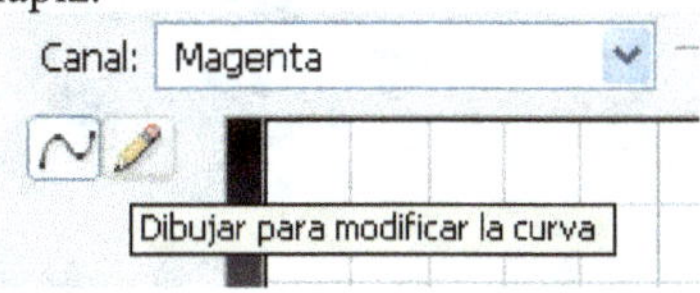

En opciones:

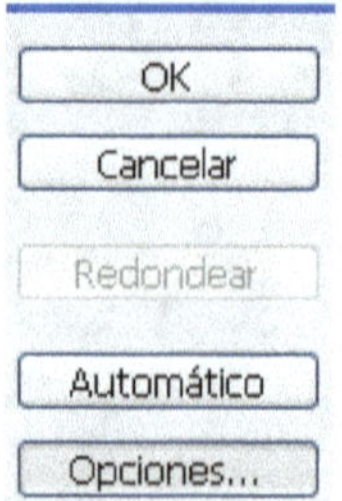

El neutro es: RGB: 128, en todos. Y CMYK: C=55, M=45, Y=42, K=7

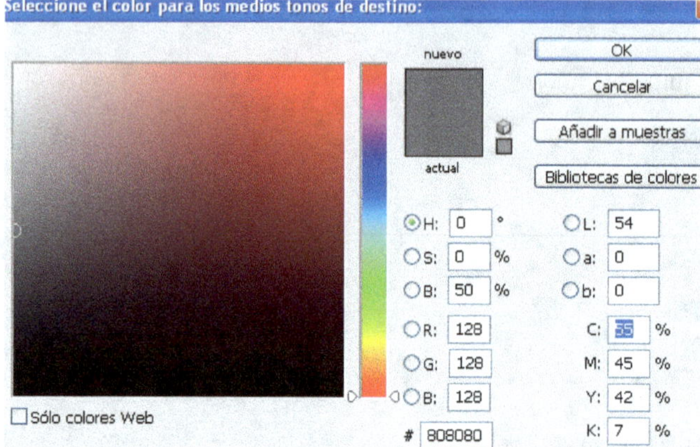

Imaginemos que la imagen tenga el mismo ajuste en varios puntos, deberíamos guardarlo:

Pide el nombre, y lo guardamos.

Para cargarlo, sería exactamente igual, pero seleccionando cargar valor.

Equilibrio de color:

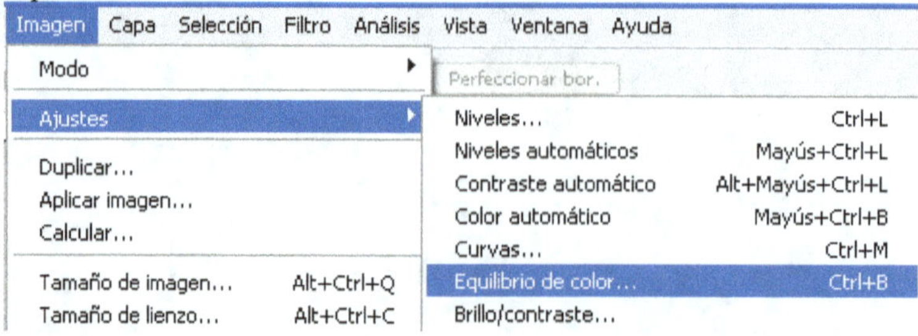

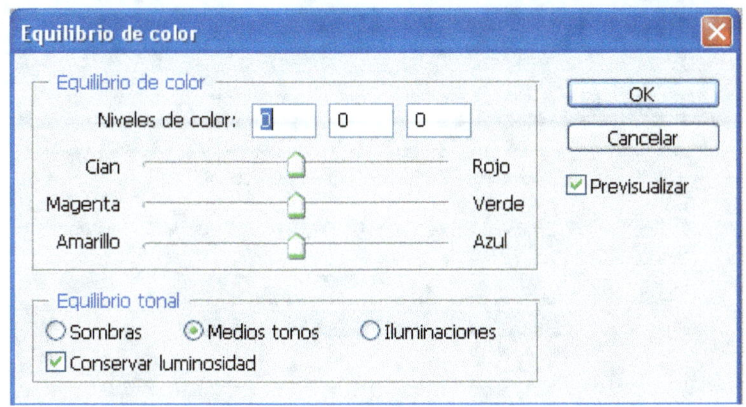

Aquí lo que ajustamos, Sobras, luces y medios tonos. Si tiramos hacia el rojo, subimos el rojo, también significa que subimos magenta y amarillo.
Si por ejemplo, subimos azul, es lo mismo que subir cian y magenta.
Siempre controlaremos mejor, cian, magenta y amarillo.
¿Cómo podríamos bajar el amarillo?
Subimos rojo y verde.

8.- Brillo y contraste

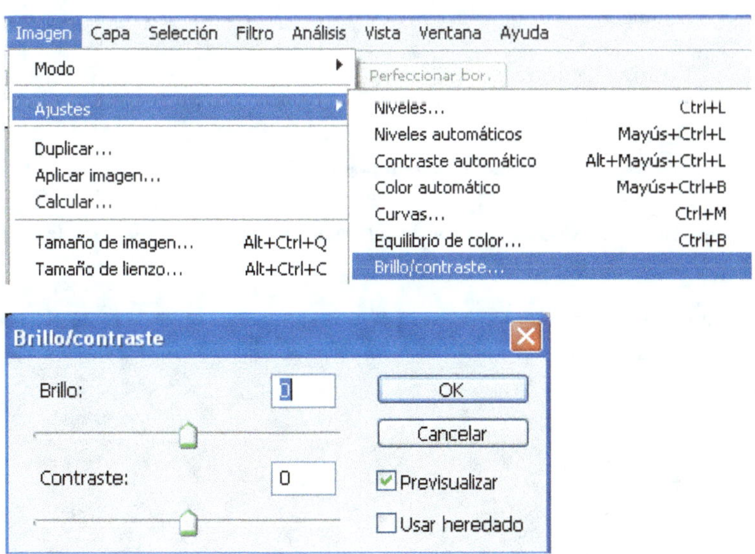

Lo normal es que las fotos de casa las ajustemos con esto, un poco de brillo, y un poco de contraste y listo. Aunque siempre es mejor usar las opciones anteriores.

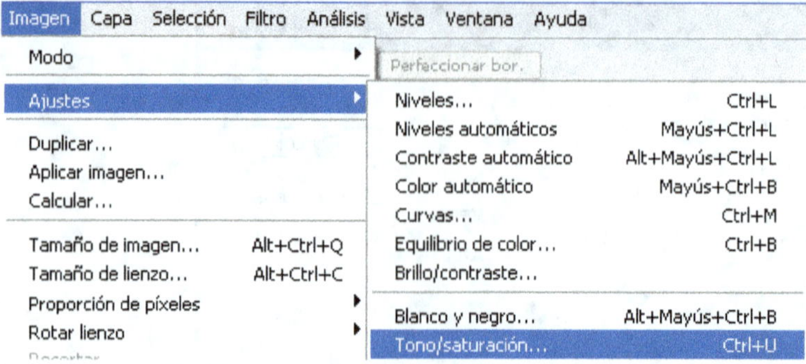

Este es útil para colorear:

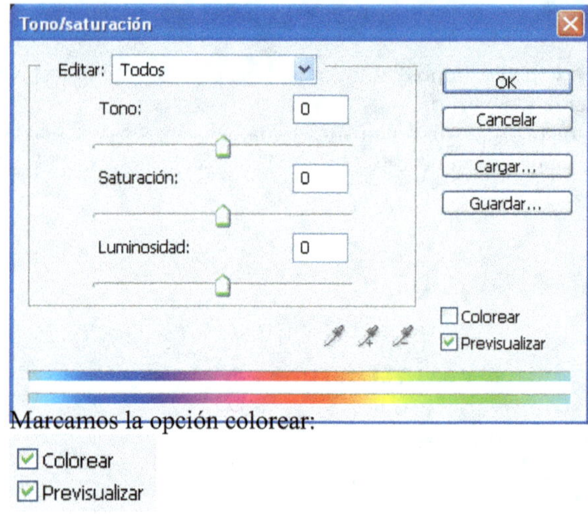

Marcamos la opción colorear:

Colorear
Previsualizar

La barra de abajo cambiará:

vamos cambiando los colores, el tono es el color, la saturación es para oscurecerlo, y la luminosidad es para aclarar – va de negro a blanco.

Para mostrar como colorear, ver práctica Nº5 – coloreada

9.- **Canales de tinta plana**.

Cualquier tinta que no sea CMYK son tintas planas, que se crea con ella misma, y nocon mezclas. Una tinta plana es un pantone, son 2 formas de llamar a lo mismo. El magenta es tinta plana al 100%. Puede tener el 100% de ella, el 80% o lo que sea, esto se llama matiz. Que no es lo mismo que una mezcla de colores.

Ahora vemos a ver cómo la creamos:

Pestaña de canales:

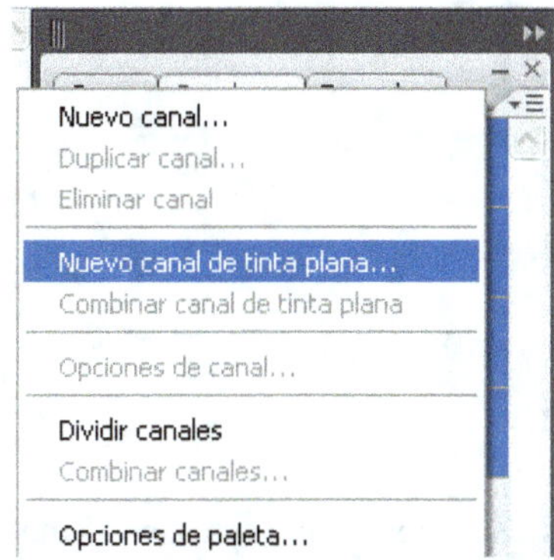

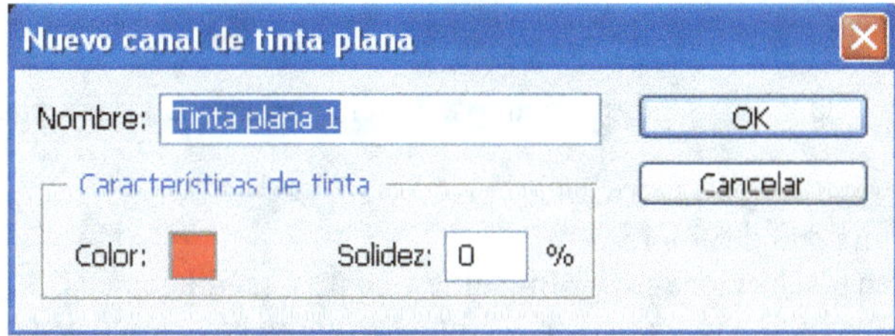

El canal no tiene nada, está vacío.

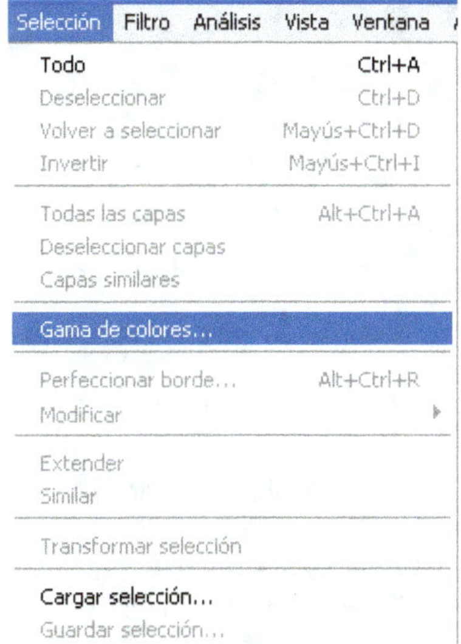

Ahora seleccionamos la gama de colores.

con los cuenta gotas, podremos: seleccionar un área más oscura, más clara, añadir a la selección, y restar de la selección (respectivamente).

Tenemos que tener en cuenta la parte de la imagen que cojamos,, con la barra de la tolerancia, ajustaremos cuánto cogeremos.

Con esta área seleccionada con la igualdad de colores,
Daríamos a nuevo canal de tinta plana, seleccionamos Mmetallic Ccoated, (solid coateds, solid uncoated) son las usaremos a menudo y buscamos otro, entonces ahora hay partes de la imagen.
Ahora nos pondremos encima del canal, con el control presionado daremos clic.

→ encima de la mini-imagen, con el control presionado.

En selección invertir, seleccionamos lo contrario a lo que tenemos en el canal, una vez ahí, seleccinamos nuevamente nuevo canal de tinta plana. Y lo rellenamos con color plata.

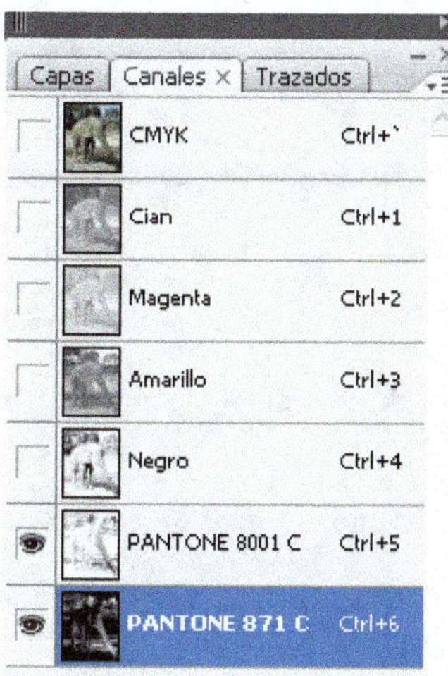

Hay que ir probando, al imprimir habría que ver cómo queda. El inconveniente de que sea oro y plata es que es caro de imprimir.

Ejemplo:
ejemplo-gamacolores-canal-tinta-plana.psd
niña.psd

Para hacer compatibles los archivos con Freehand, hay que guardarlo como: XXXhotoshop DCS 2.0 (*.EPS) separación de canales.

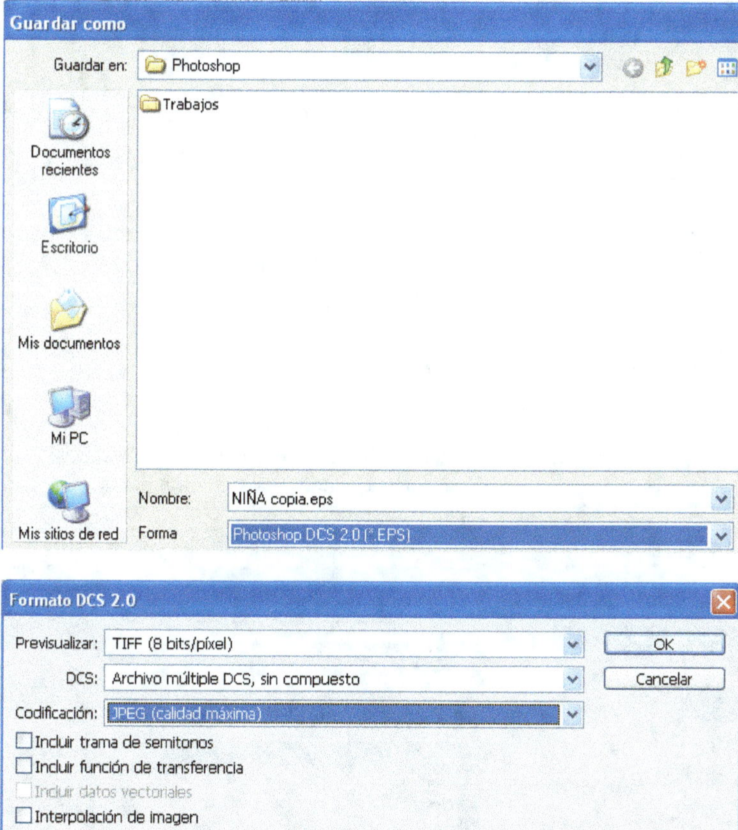

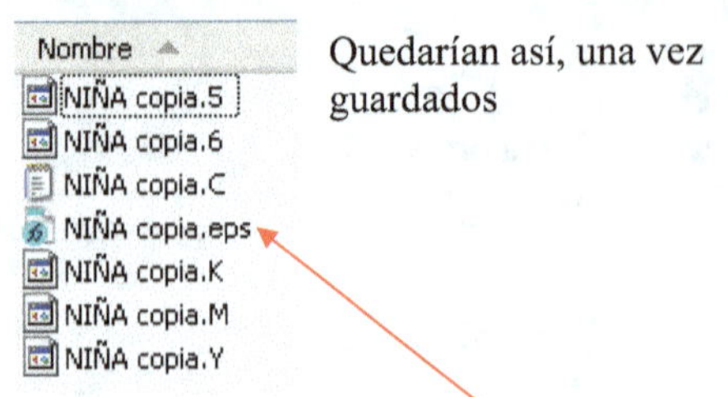

Quedarían así, una vez guardados

Ahora abriríamos Freehand. (normalmente en: "C:\Archivos de programa\ Macromedia\ FreeHand Mxa).

Archivo / importar / buscamos el archivo niña.eps (es la única que reconoce Freehand)

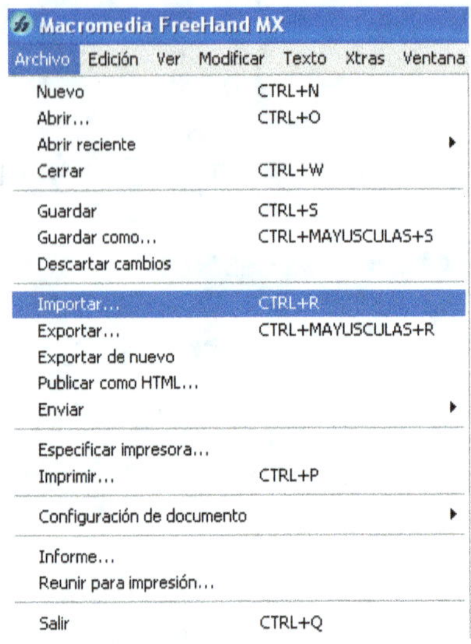

Es posible que de un error: la imagen es demasiado grande.
Para ello crearíamos una nueva página.

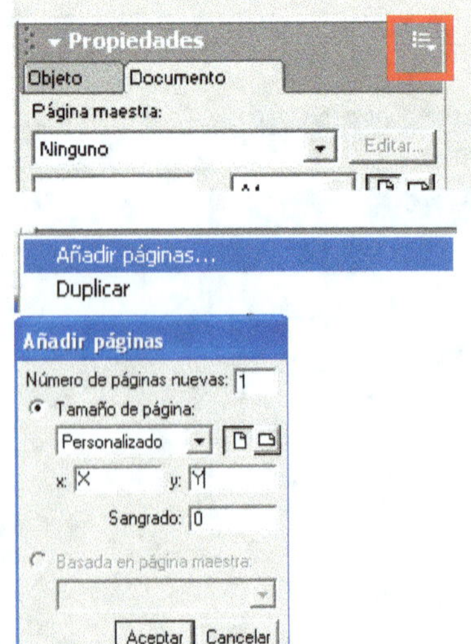

En activos / muestras deberían aparecer los 2 pantones que teníamos de tinta plana creados en Photoshop.

Si fuera para Illustrator, habría que exportarlo como PDF.

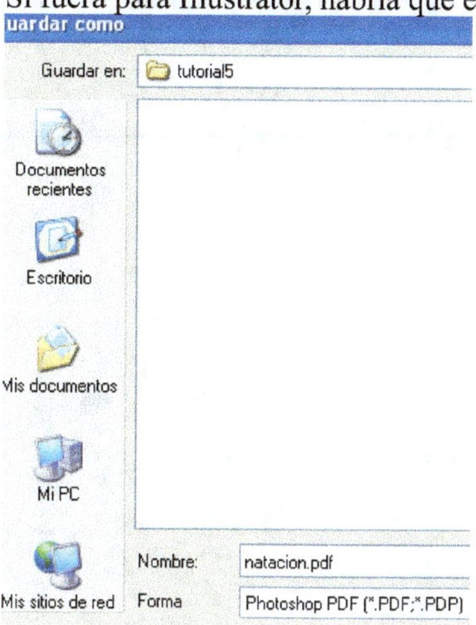

10.- Propiedades de las imágenes.

Para ver exactamente lo que mide una imagen, y cambiándole la resolución a imprimir:

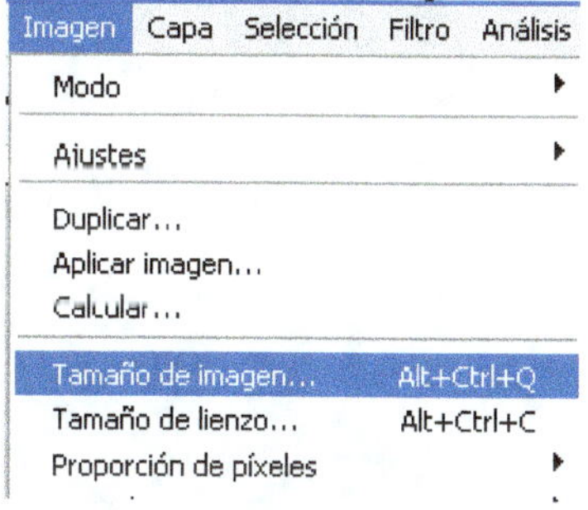

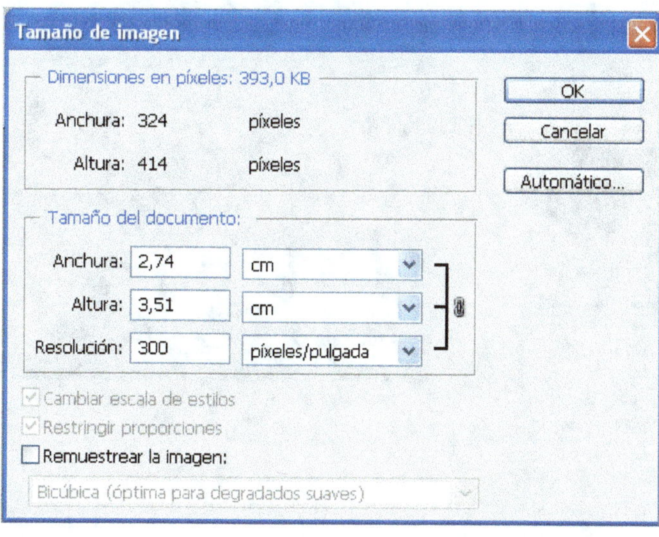

Es importante, que el remuestrear la imagen, nunca esté activado, porqué sino Photoshop inventaría puntos y perderíamos nitidez.

Cuanto más bajemos la resolución, más grande es la imagen.
¿Podemos interpolar puntos? Sí, ¿hasta dónde? No más de un 40% del tamaño que tenga.

Ejemplo: Edificio.psd

11.- Selecciones.

Para expandir una selección:

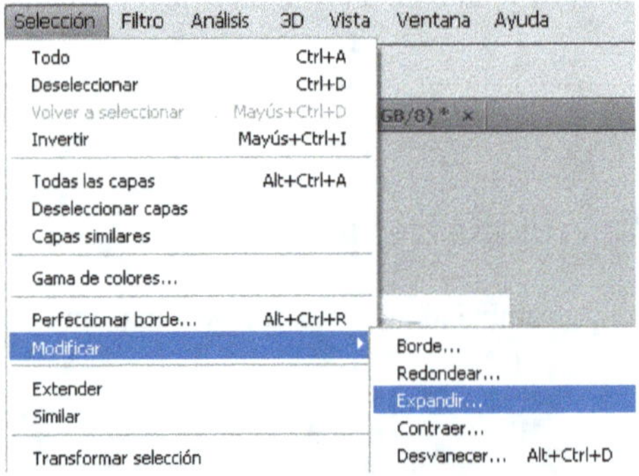

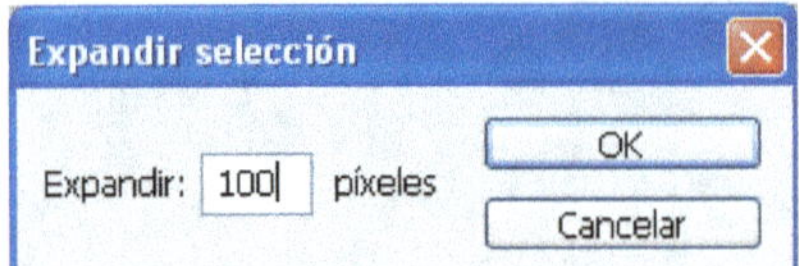

Antes

Después

También podemos contraerla:

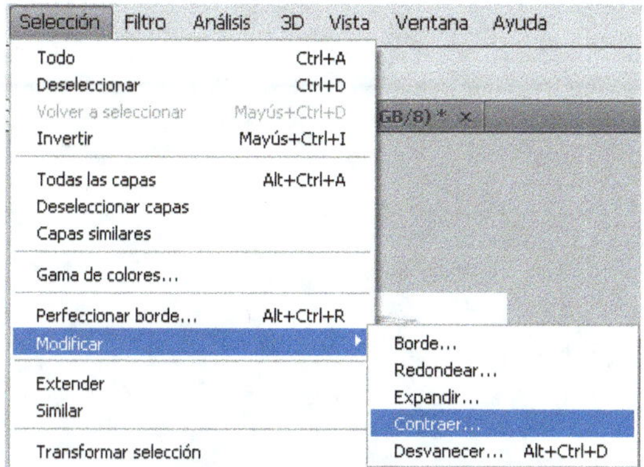

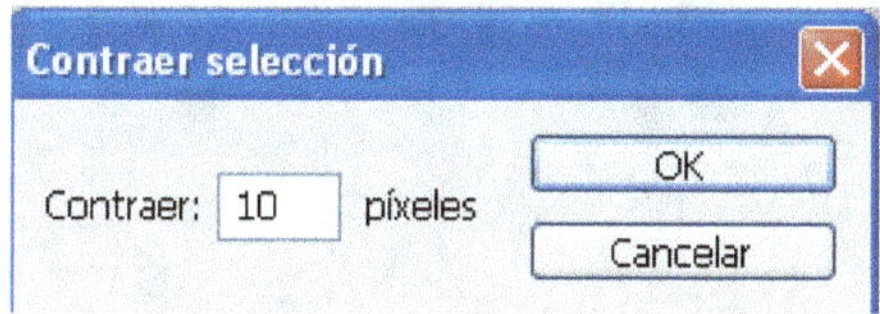

Antes

Después

También podemos ponerle un borde a nuestra selección:

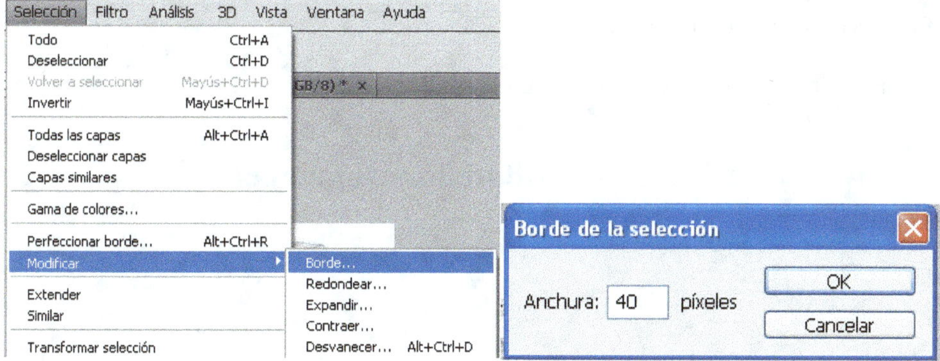

12.- Tamaño del lienzo.

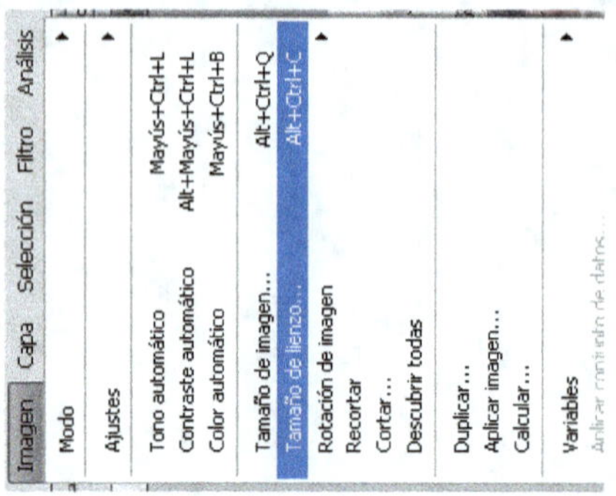

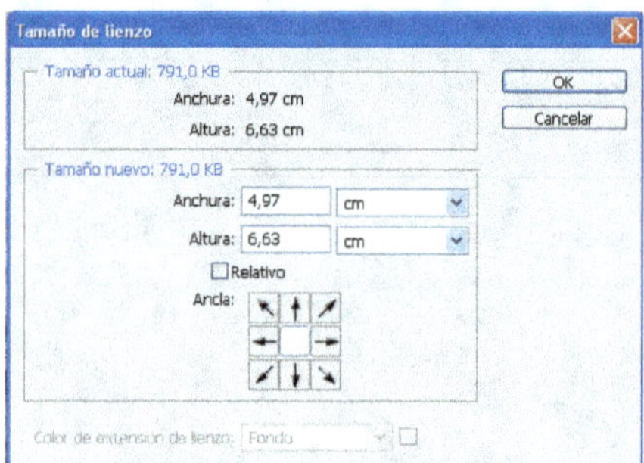

Por ejemplo:

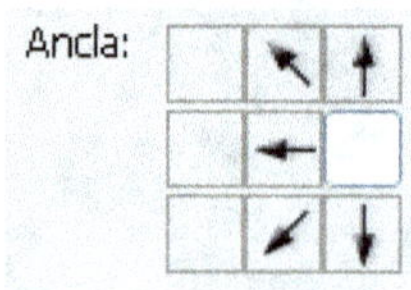

Si queremos que se haga hacia la izquierda:

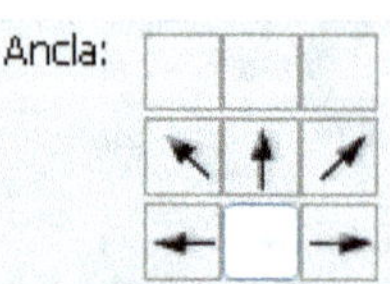

Si queremos que vaya hacia arriba:

Siempre pincharemos en el lado contrario a donde queramos que vaya.

13.- Calidad de fotografías.

Para guardar una foto para Web:

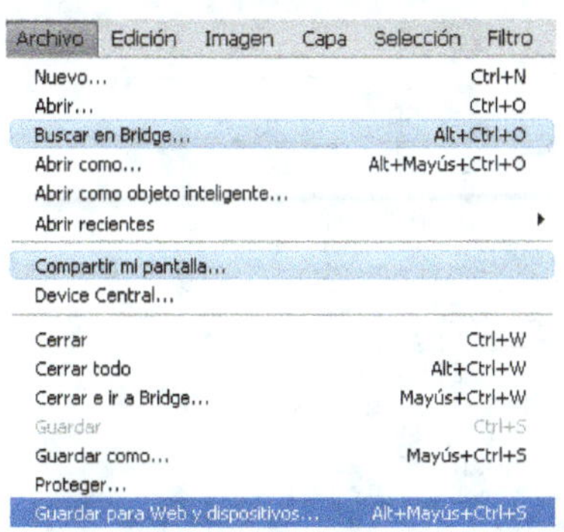

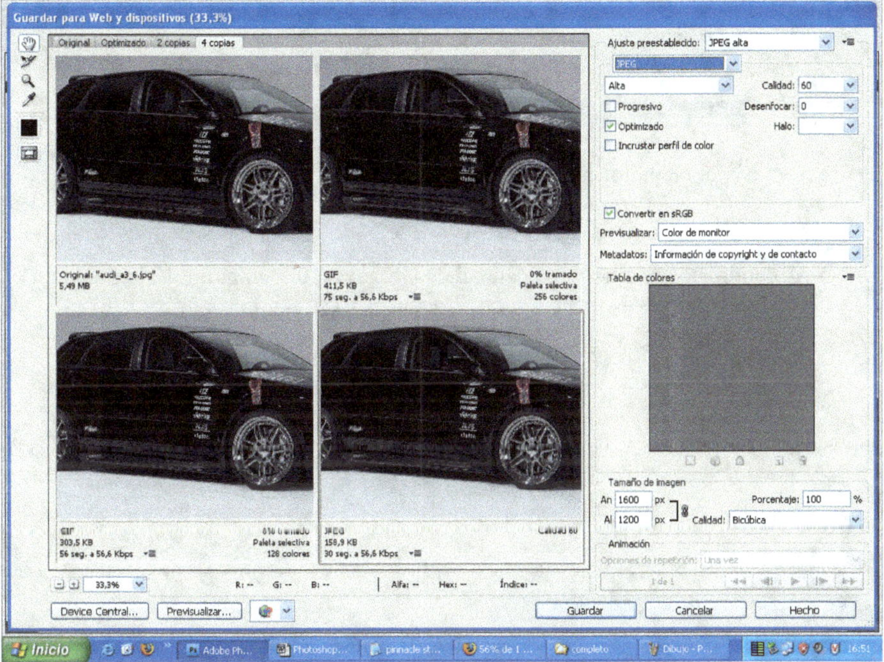

Con estas opciones veremos el tipo de GIF o JPEG, la calidad y demás para configurarlo.

También podríamos guardarlas para no Web, es decir, como uso cotidiano de foto:

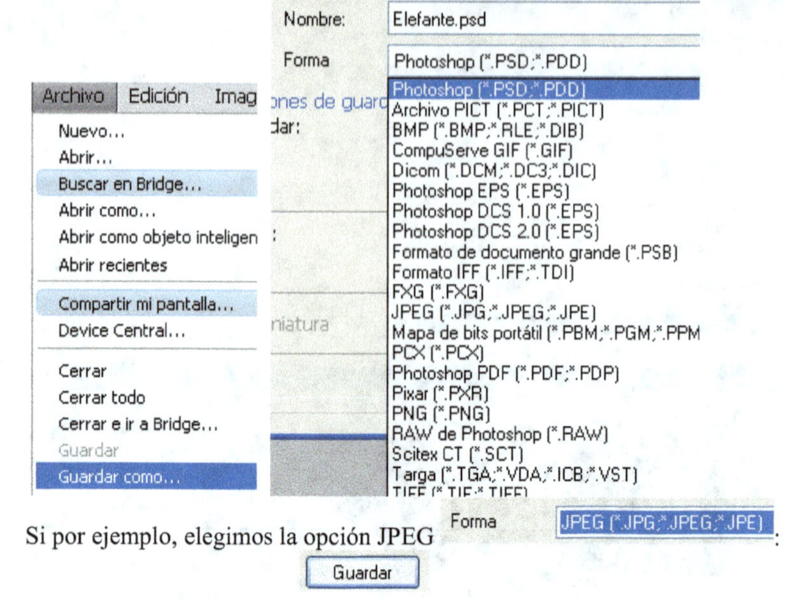

- Si por ejemplo, elegimos la opción JPEG Forma JPEG (*.JPG;*.JPEG;*.JPE):

A continuación, muestra la calidad de la imagen, 0 lo mínimo, 12 lo máximo.

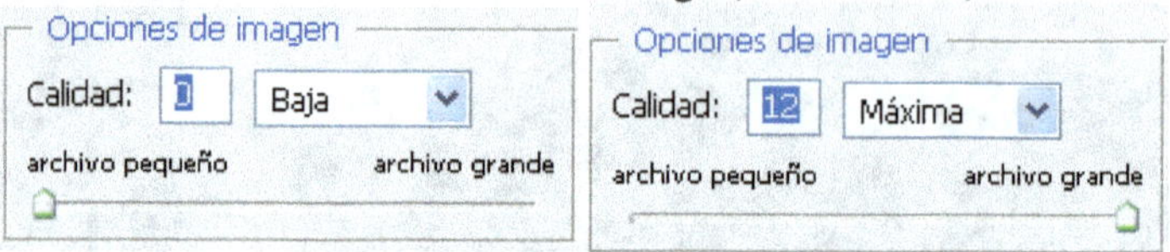

14.- Filtros.

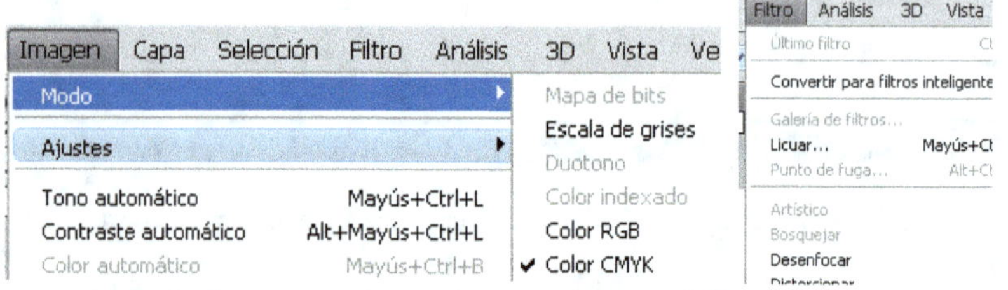

Para que todos los filtros salgan habilitados…

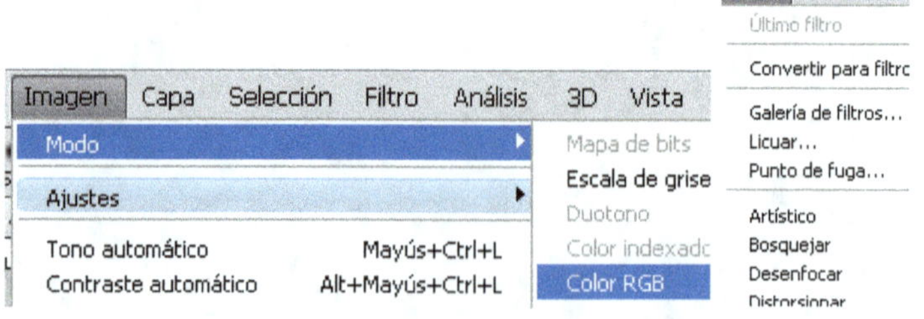

A continuación, veremos la cantidad de filtros que tenemos:

Para entrar en las opciones de filtros:

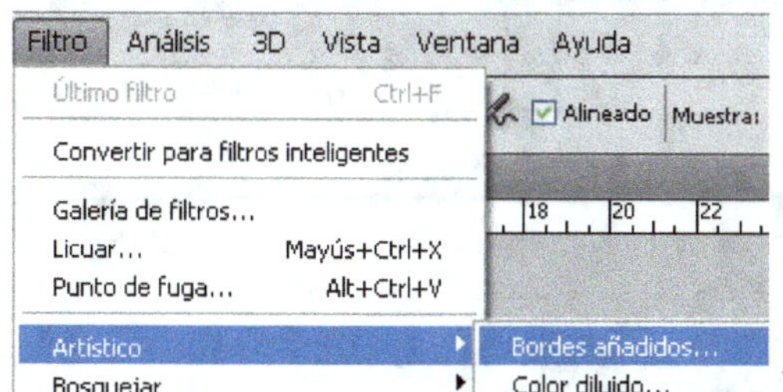

Entraremos en este mismo, y ahí aparecerá una ventana con la posibilidad de manejar la mayoría de filtros.

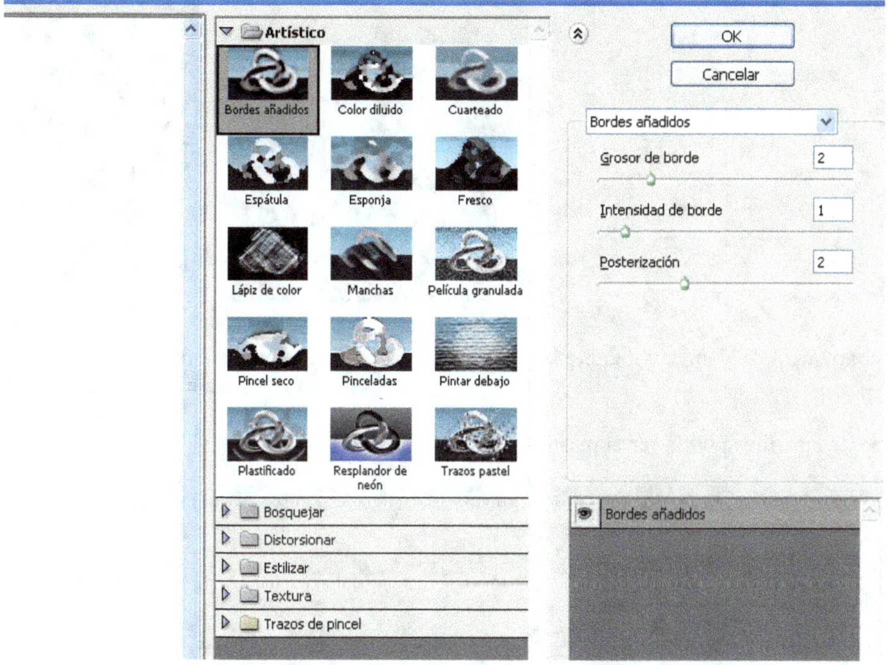

Una vez aquí, habría que ir probando, con la previsualización en la parte izquierda y con las opciones del centro y la derecha.

A medida que mueves alguna de las opciones, la previsualización empezará a cargar:

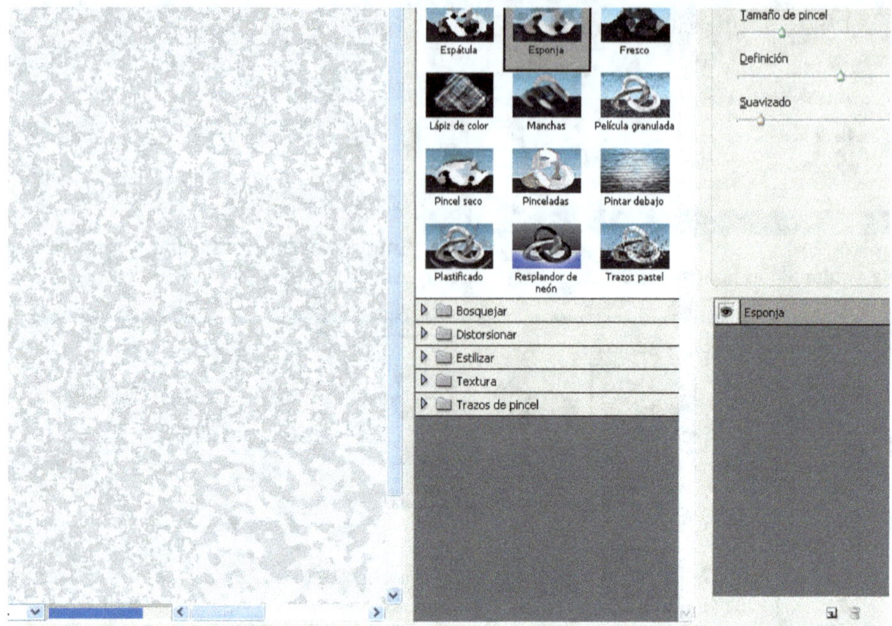

La barra azul de abajo a la izquierda muestra el progreso de la previsualización.

Uno de los útiles podría ser el plastificado:

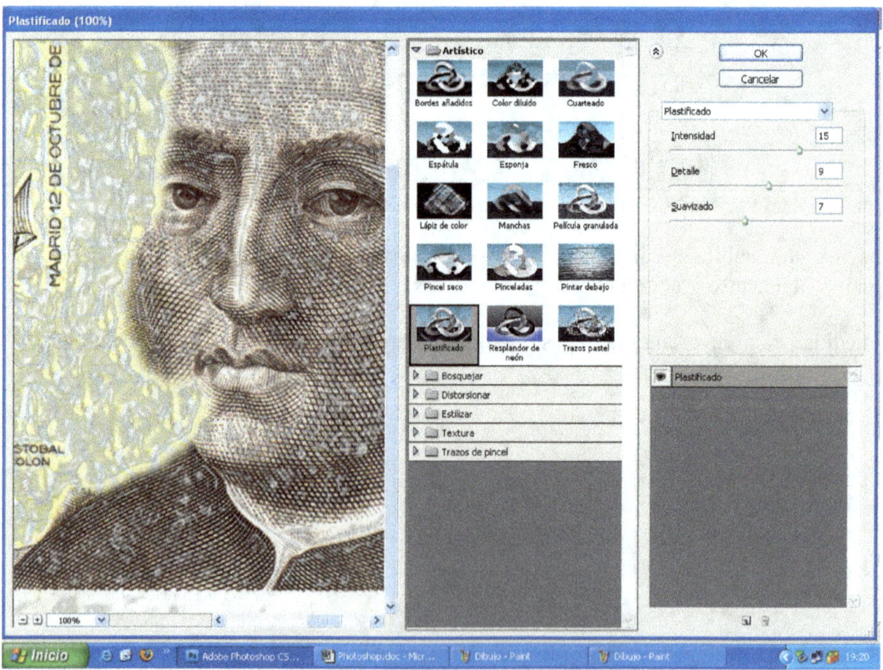

También el resplandor del neón...

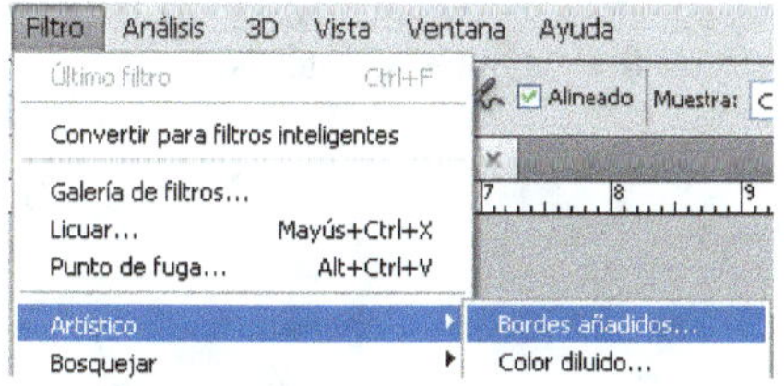

Cambia la imagen en forma y colores.

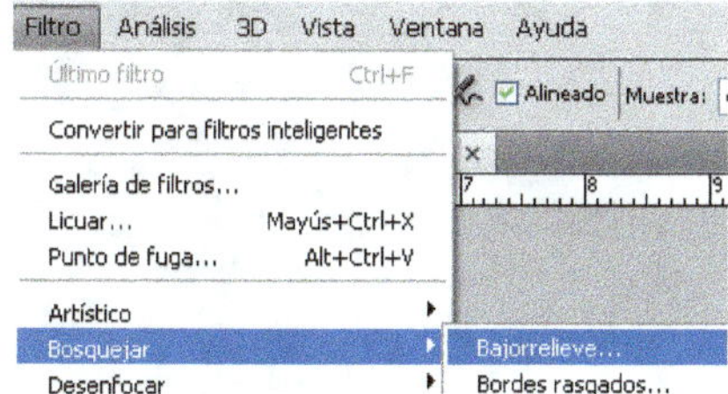

Elimina el color de la imagen, y hace texturas sobre el papel. (el color es blanco y negro)

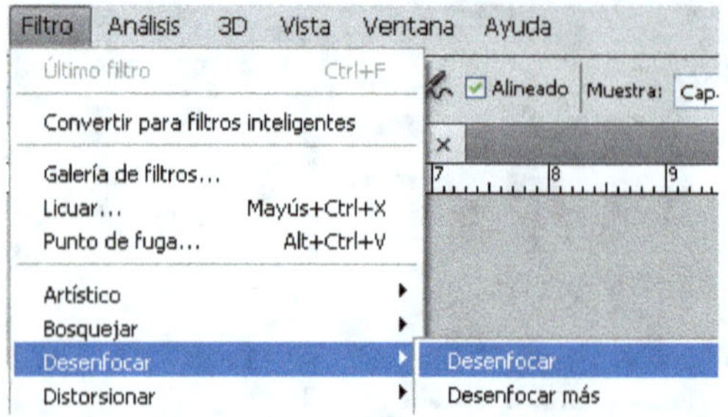

El radio de desenfoque: la cantidad que se le aplica.
El más usado es el Gausiano.
El Suavizado, se usa para ablandar zonas de la image, para que no se noten los cortes.

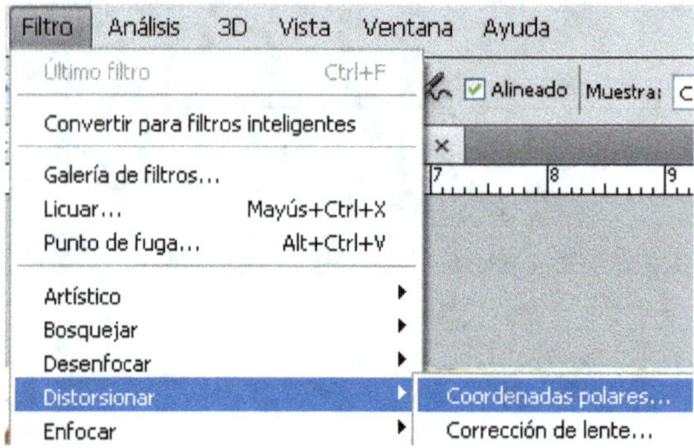

No toca el color, pero se carga la imagen, Efectos de fuegos, nieves…etc

Corrección de lente: se usa sobre todo para cambiar la perspectiva.

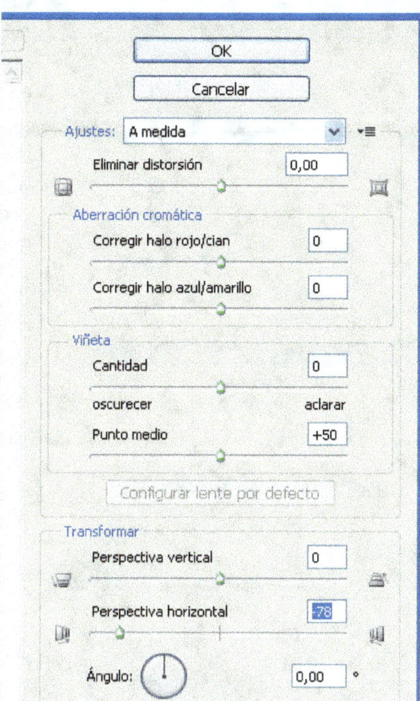

Opción de onda:

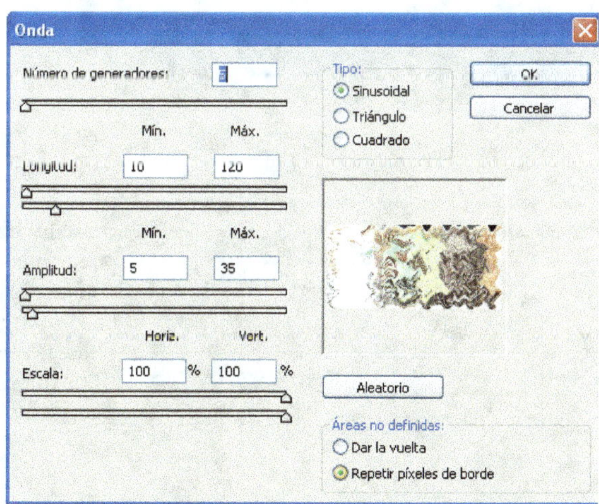

Efecto onda sinusoidal, y lo que hace es repetir la imagen con esa forma.

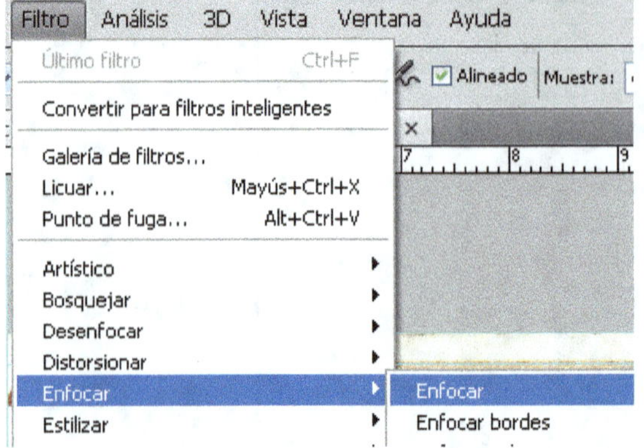

Lo que hace es juntar píxeles, lo normal que se suele hacer, es desenfocar la imagen, y enfocar los bordes.
Máscara de enfoque: cantidad de la imagen a la que afecta, el umbral dentro de 255 niveles, serviría para que solo afecte a los primeros 100 niveles de grises. El radio es lo que queremos que le afecte.

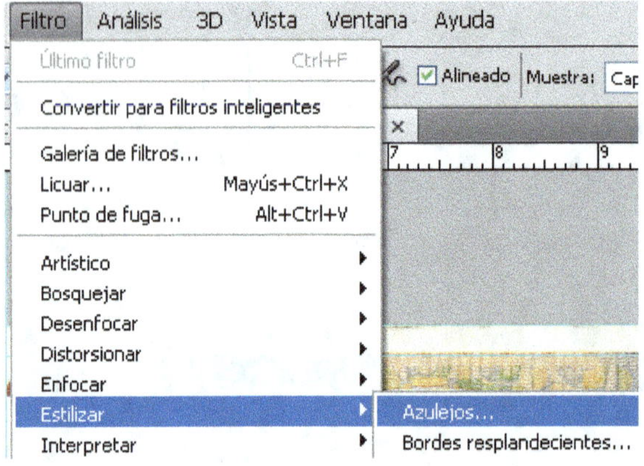

Aquí nos cargamos la mayor parte de la imagen. El más usado, es el de modo viento, para hacer que un coche corra o cosas similares.

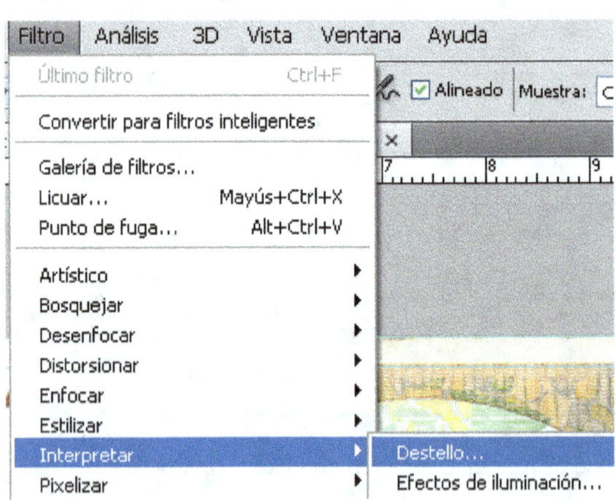

La opción de Nubes, crea un filtro entre los colores frontal y trasero. No se le puede meter más de 2 colores, lo que se puede hacer es una selección, y rellenarla con otro color. El de nubes de diferencia interviene la imagen.

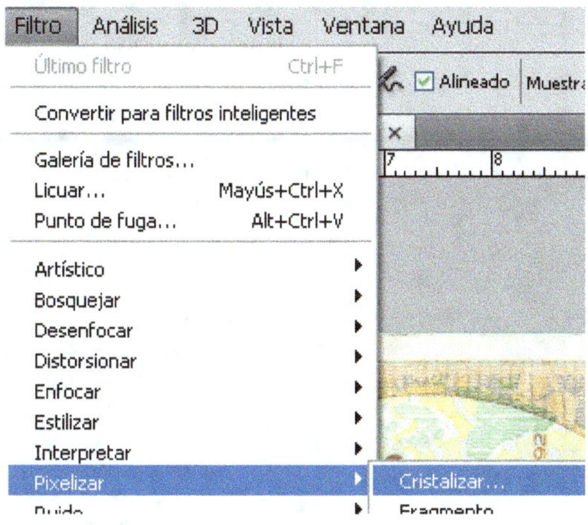

Cambiamos el color como la imagen.

Añadimos un grano que puede ser gaussiano o uniforme.

Destramar: Si escaneamos papel, algo que tenga trama es para eliminar el punto, el grano, después deberíamos desenfocarlo.

Mediana: Difuminado, que se aplica al destramar, para eliminar la trama del todo.

Polvo y rascadura: es como mediana, tiene umbra de píxel, al que queremos que le aplique (el umbral es de grises). Elimina punto de trama.

Reducir ruido: elimina el ruido de la imagen.

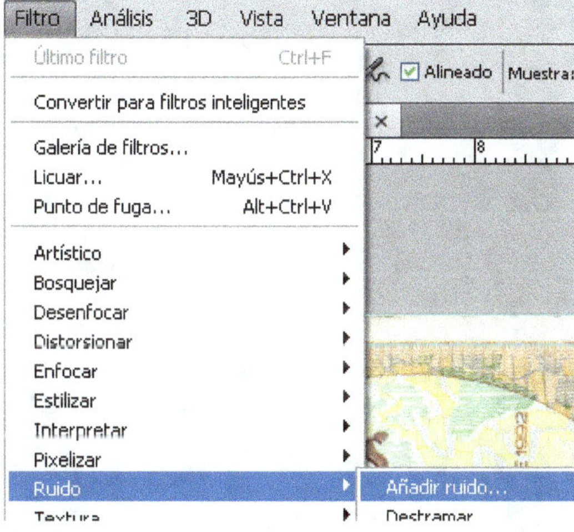

Deformamos la imagen.

Azulejo de mosaico: En la textura tienes un tamaño de azulejo, lechada, y aclara la lechada.

Granulado: Crear puntos, con mayor y menor intensidad y contraste.

Grietas: Parecido a mosaico

Retazos: tamaño del cuadro y relieve.

Texturizar: Crea textura con relieve y escala, dependiendo de la luz, se verá mejor o peor.

Vidriera: anchura de borde, tamaño de celda…maneja el color frontal para la grieta.

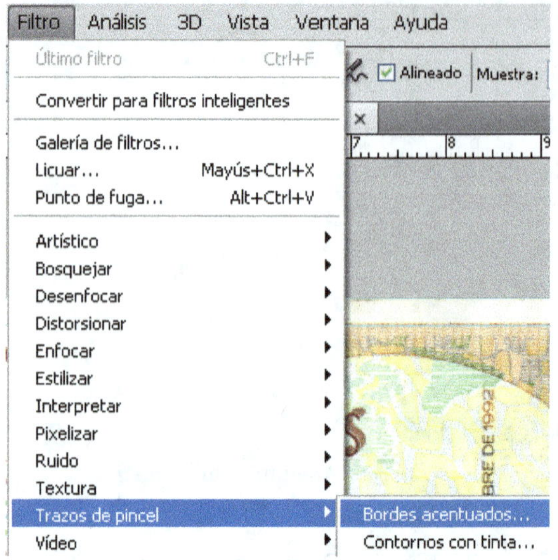

Eliminamos el color, o casi todo.
Bordes: pone un borde a la imagen.
Contornos: longitud de trazo, intensidad…
Salpicadura:
Sombreado:
Sumi-e: tipo spray, contraste etc.
Y los trazos son parecidos.

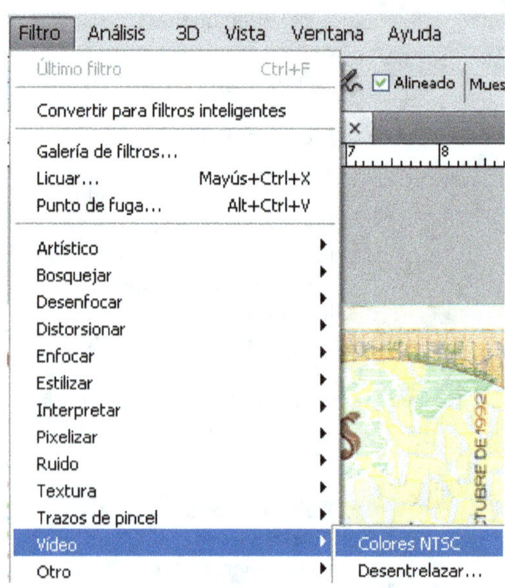

Para colorear y gestionar colores de Televisión.

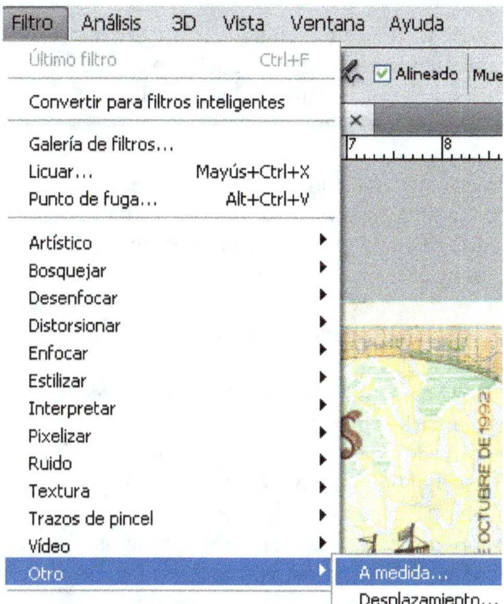

Medida: al meter datos sucederán cosas extrañas, no se muy bien para que sirve.
Desplazamiento: desplaza la imagen.
Máximo: blancos
Mínimo: negros
Paso alto: blancos y negros, con contrastes.

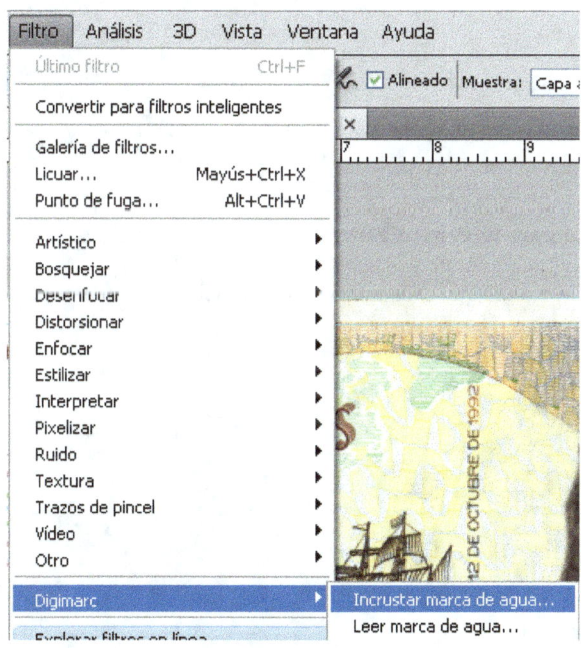

Introducimos una especie de firma "digital al documento".

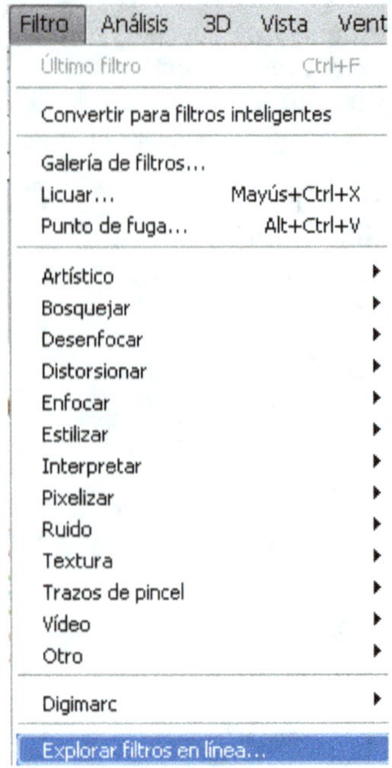

Este tipo de filtros se suelen aplicar con 2 capas, una manteniendo la imagen original y otra que es en la que se le aplica el filtro, por ejemplo para aplicar movimiento a un coche…

Aquí lo estamos haciendo a toda la imagen, sin embargo, podemos aplicarles los filtros solamente a una parte de la imagen, por ejemplo con la selección rápida…

A photoshop se le pueden meter más filtros, la mayoría en inglés.
Para ello, la carpeta que te faciliten y los plug-ins, deberás copiarlos a:
C:\Archivos de programa\Adobe\Adobe Photoshop CS4\Plug-ins\Digimarc\Win
Ahí mismo pegas la carpeta, y reinicias el photoshop, una vez hecho, aparecerá en la parte de debajo de la opción de filtros.

15.- ¿Cómo se crean GIFs?

Para crear un gif, hay que tener en cuenta que cada imagen del gif, deberá ser una capa. Debemos abrir la opción:

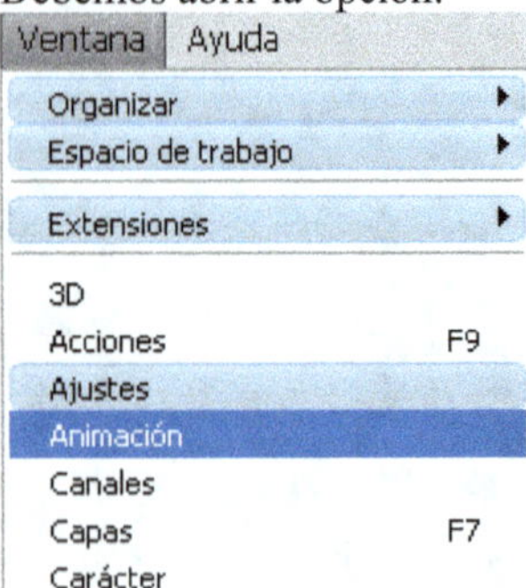

Ahora crearemos una capa por cada imagen de movimiento, cuantas más capas, mayor realismo en el movimiento…

Una vez tengamos las capas, debemos quitar la visibilidad de todas, excepto de la primera.

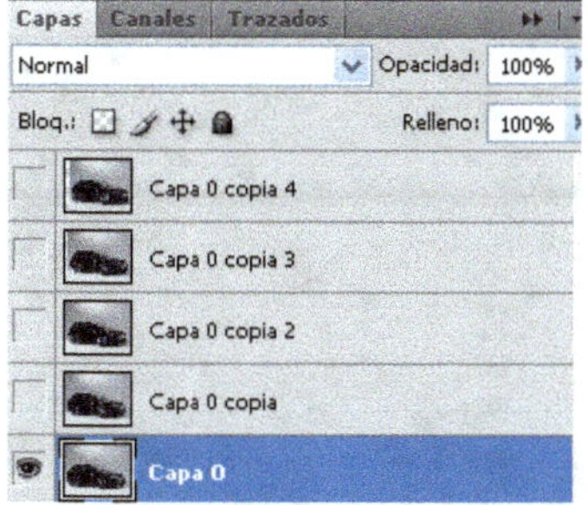

Una vez hecho esto, iremos a la ventana de animación,

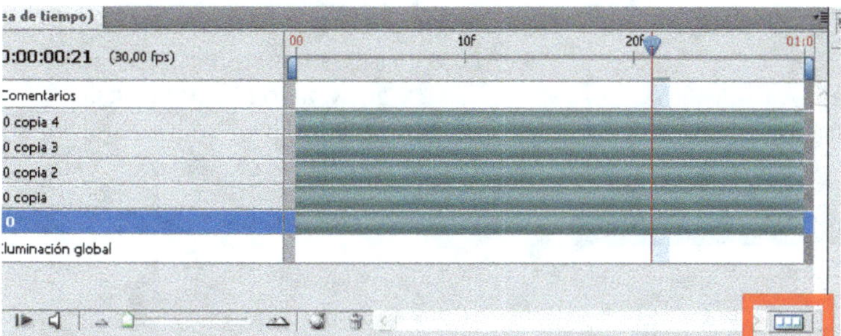

y pincharemos en el cuadro rojo, consiguiendo así esta ventana:

Al tener esta ventana, es tan fácil como crear una capa de animación, y hacer visible la capa que queramos:

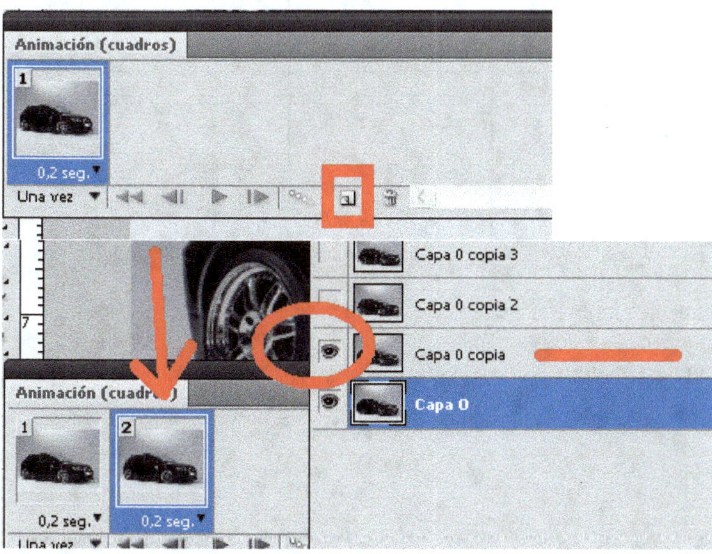

Repetiremos este paso creando y haciendo visibles tantas capas como queramos.+

Una vez hecho esto, guardaremos la imagen como gif:

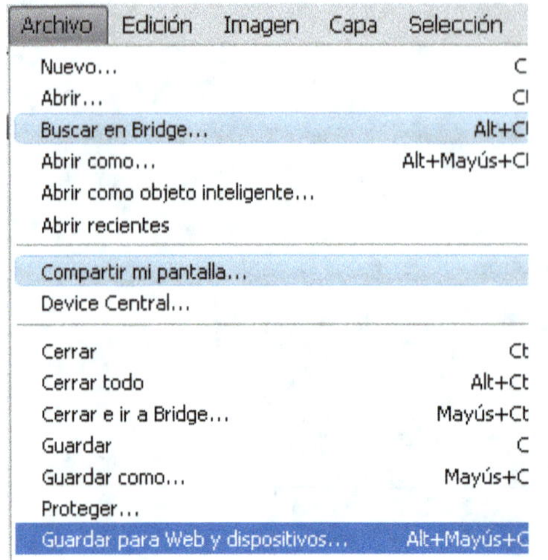

Daremos a Guardar.

Ahora guardaremos como GIF, o como HTML y gif, y ya lo tendremos listo.

16.- Modos de las capas.

Con algunas herramientas teníamos modos para poder utilizarlas,

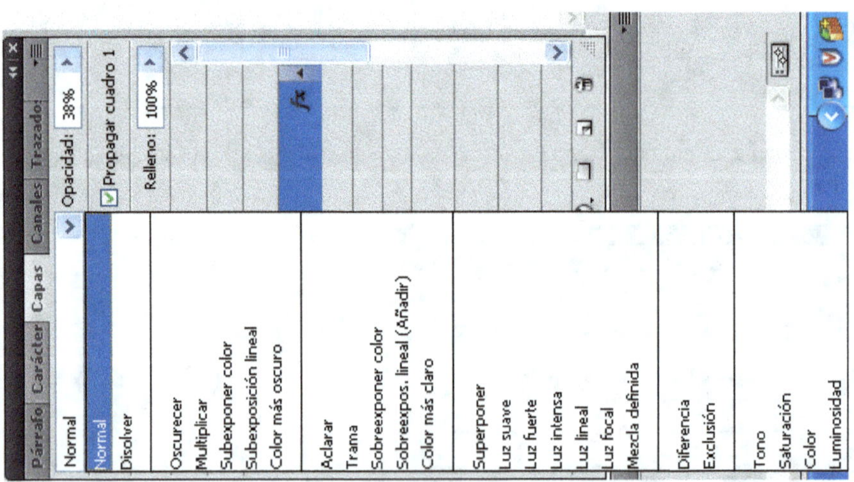

Para poder hacer esto, debemos tener varias capas.
Esto afectará a la capa que tenemos activada, pero en función de lo que haya debajo, es aleatorio y no hace siempre lo mismo.

Vamos a ver que más opciones tenemos:

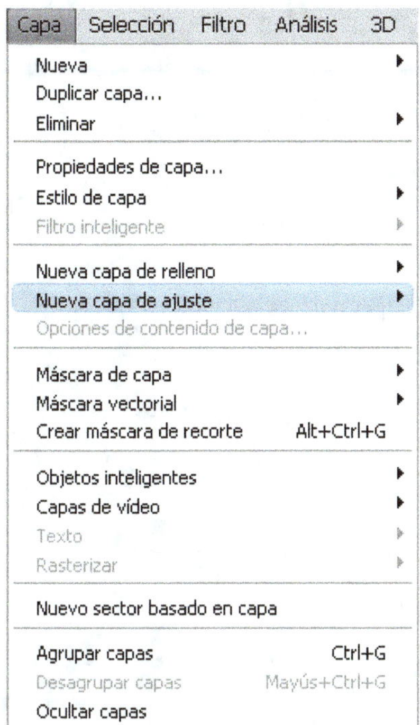

Opción Nueva:

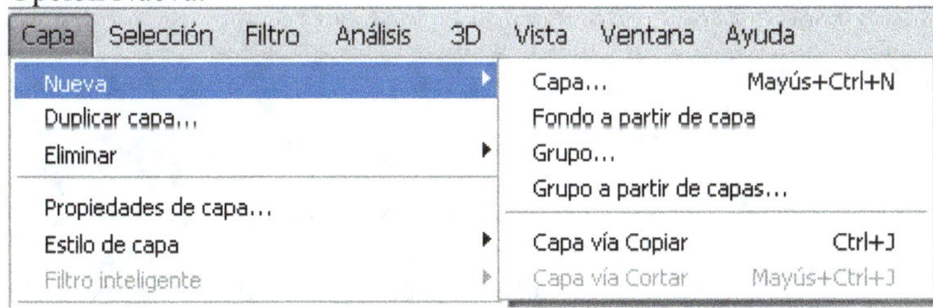

capa a partir de capa/fondo, crea una capa a partir de la capa de fondo. (es lo mismo que dar doble clic en la capa en la paleta de capas)
Nuevo grupo: creamos carpetas para introducir capas.
Grupo a partir de capas: crea la carpeta con las capas seleccionada.
Capa vía copiar: copia la capa seleccionada, o la selección dentro de una capa.

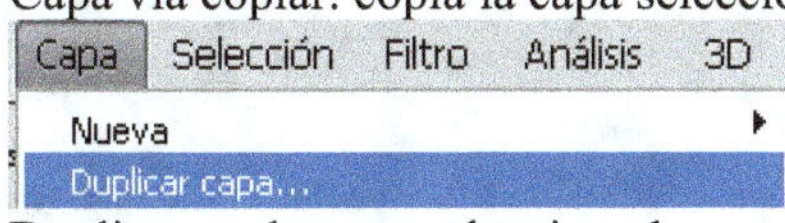

Duplicamos la capa seleccionada.

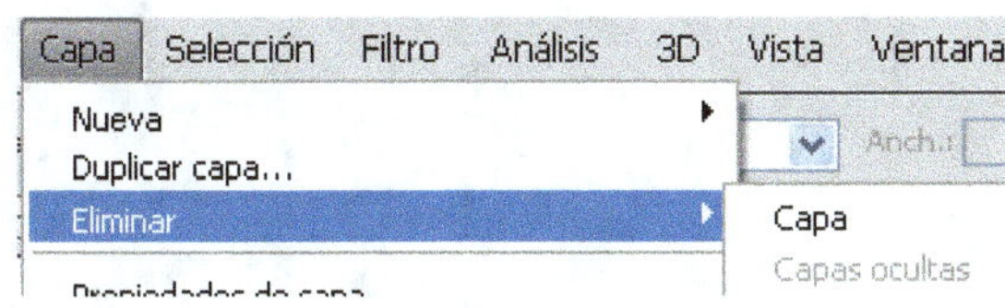

Elimina capas, ocultas o seleccionada.

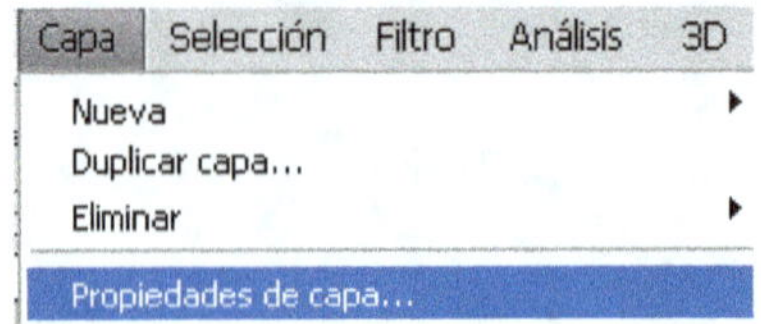

Esto no tiene mucha explicación, cambias nombre y colores.

(de izda a derecha)
Encadenar: juntamos capas para moverlas, eliminarlas y demás a la vez. (para unir 2 capas hay que presionar shift, control y pinchar en las capas que queramos juntar)
Añadir estilo de capa: para relieves, sombreados, etc.
Añadir máscara rápida: para hacer selecciones
Crear nueva capa de relleno o ajuste:
Crear grupo
Crear capa
Eliminar grupo o capa en función de la selección.

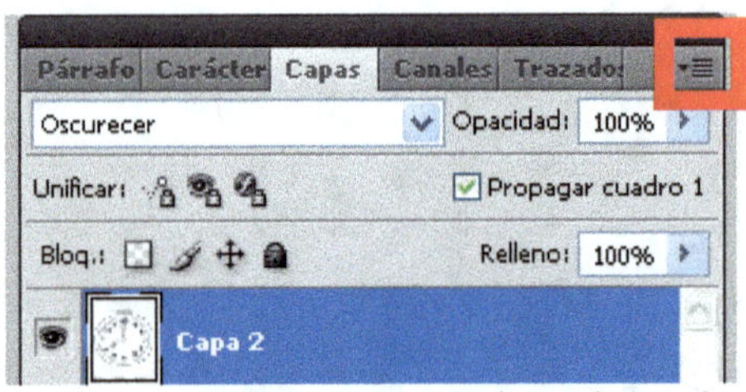

Aquí tenemos la mayor parte de opciones, las mismas que en las opciones de capa.

Mismas opciones:

Si convertimos el objeto a inteligente, es posible que abra el archivo con el programa creado, aunque hay veces que lo abre con photoshop.

Combinar visibles: las capas que tengan un ojo se acloplen en una sola.
Acoplar imagen: se juntarás todas las capas.

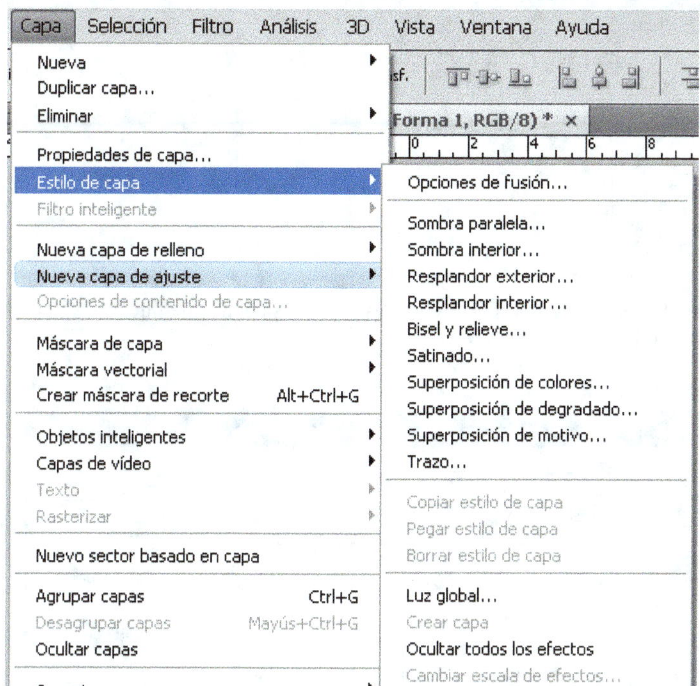

Opciones de fusión:

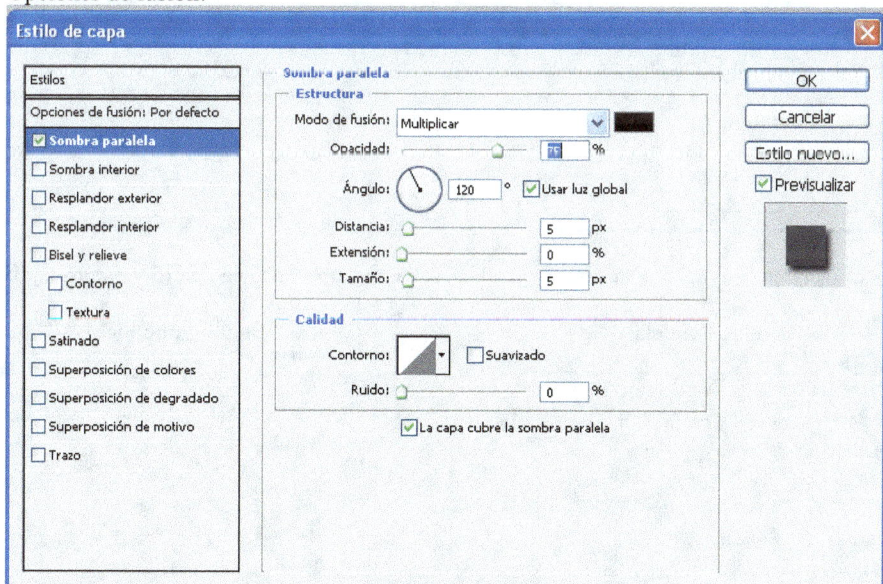

Las distintas opciones deben ser configuradas para que el objeto de la capa seleccionada, tenga sombra, le puedes decir de dónde quieres que venga con la opción de ángulo, la distancia entre la sombra y el objeto original etc.

Con el contorno puede conseguir que la sombra no sea recta, sino cambiarla:

Si pinchamos en usar luz global, conseguimos modificar desde donde le da la luz a distintos objetos, aunque como es lógico, la luz debería venir siempre del mismo sitio en el mismo documento.

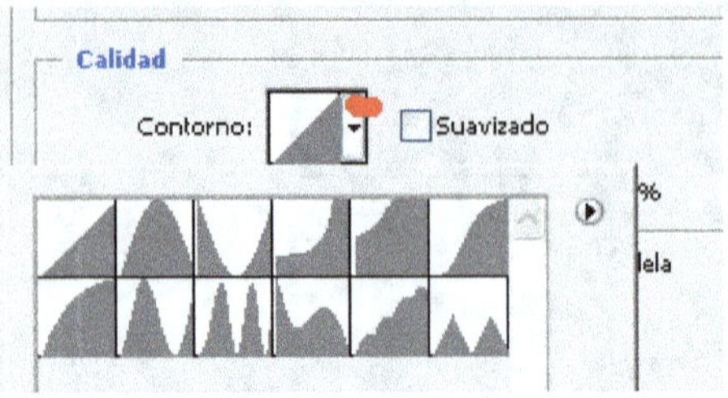

Aquí conseguirás que la sombra tenga forma y no sea lineal, es decir, que pueda ser una sombra tipo círculos con blancos en medio y demás.

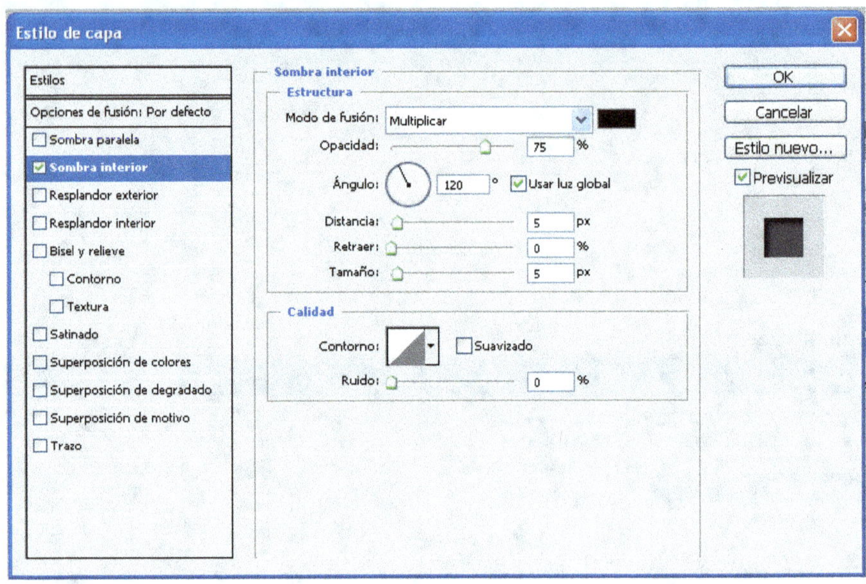

Es exactamente igual que la sombra paralela, salvo que una va hacia dentro y otra hacia fuera.

Sombra Paralela   Sombra Interior

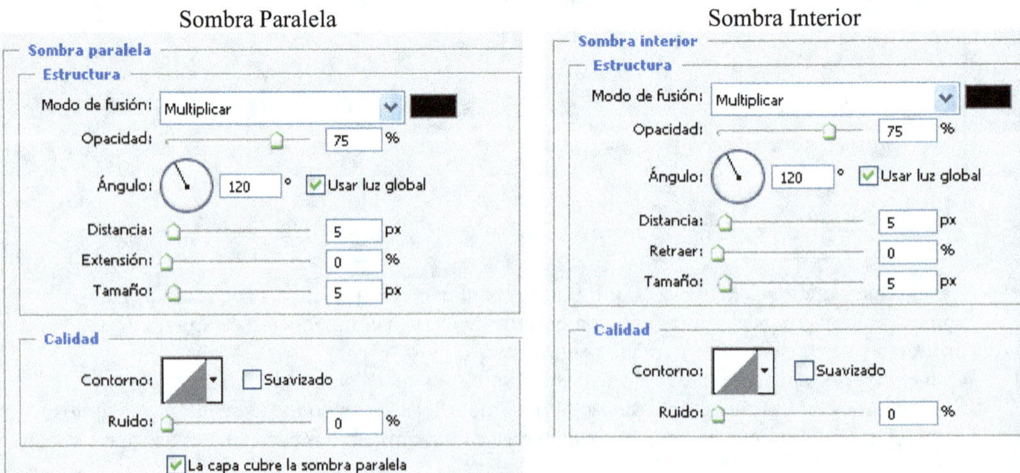

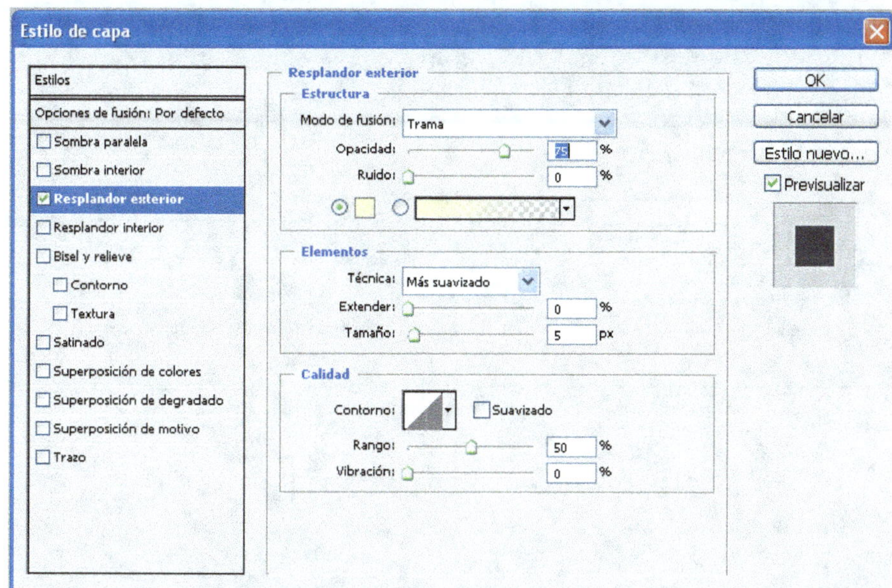

Modo de fusión, opacidad ruido, y color.

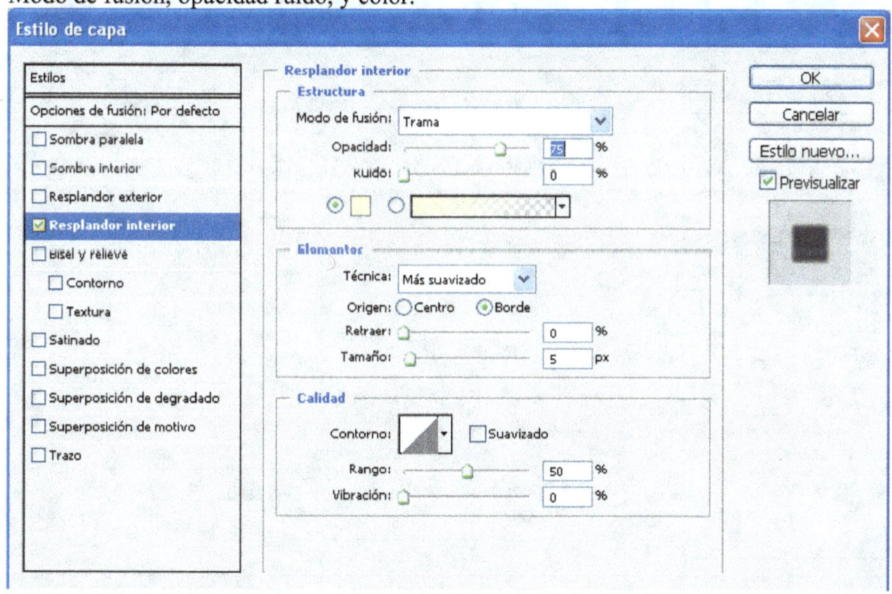

Exactamente igual que el exterior, solo que hacia dentro.

Resplandor Exterior
Resplandor Interior

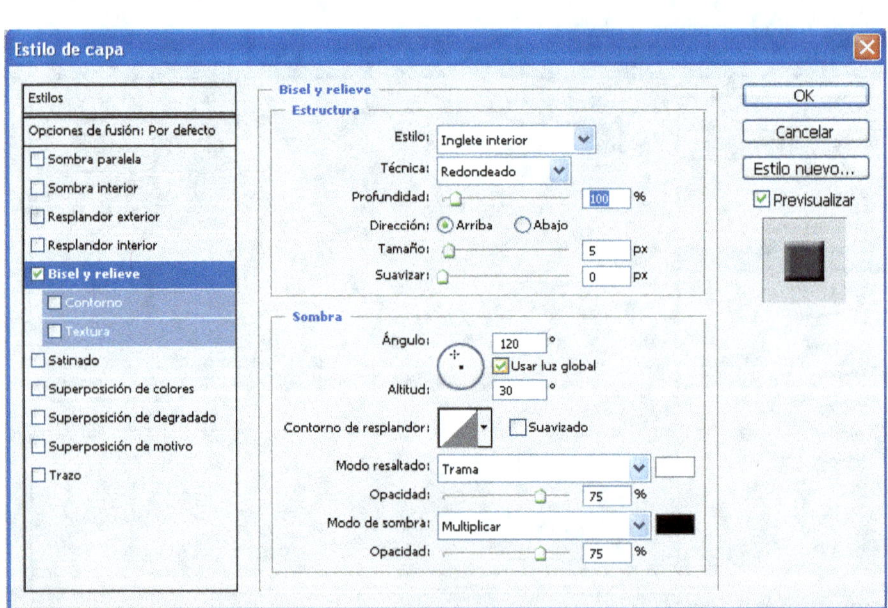

Esto lo que hace son botones, juega con 2 sombras, juega con la sombra negra y blanca.
La técnica: cincel duro o blanco, esto sirve para que se note más o menos el relieve.çInglete interior, exterior, siguien siendo formas para aparentar ser un botón más real.
El ángulo es igual que el resto de ángulos, sirve para ver de donde viene la luz.
También tenemos formas de contornear el resplandor, consiguiendo así formas distintas y combinados entre las sombras.

En las opciones de sombra, podremos cambiar que los colores de éstas sean distintos al negro y blanco.

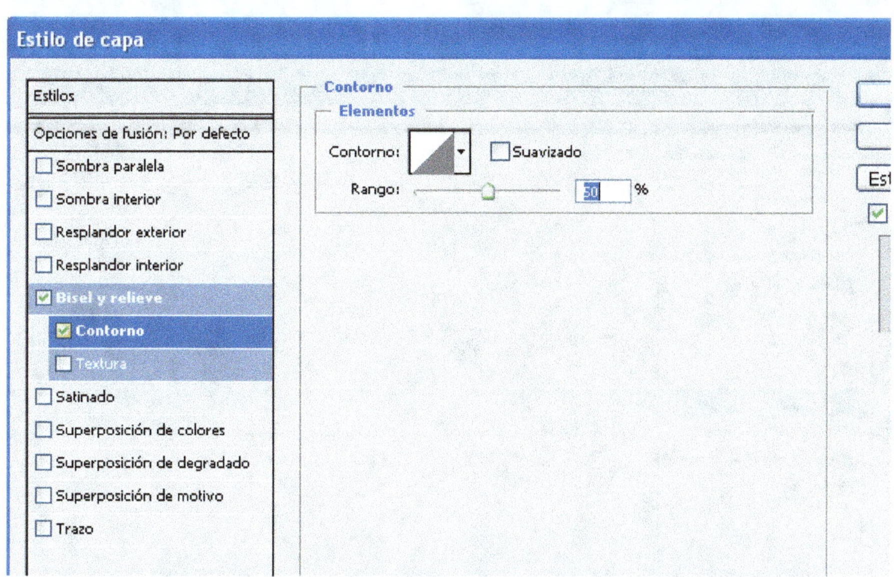

Estilo de capa
Estilos
Opciones de fusión: Por defecto
Sombra paralela
Sombra interior
Resplandor exterior
Resplandor interior
Bisel y relieve
Contorno
Textura
Satinado
Superposición de colores
Superposición de degradado
Superposición de motivo
Trazo
Contorno
Elementos
Contorno:
Suavizado
Rango:
50
%

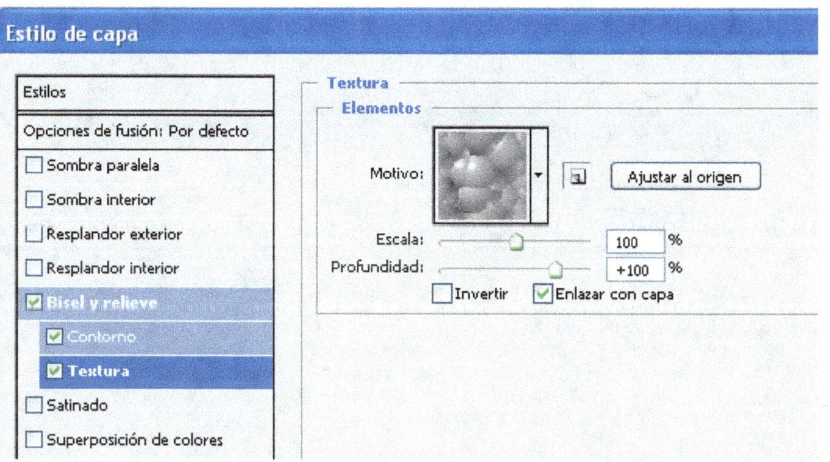

Estilo de capa
Estilos
Opciones de fusión: Por defecto
Sombra paralela
Sombra interior
Resplandor exterior
Resplandor interior
Bisel y relieve
Contorno
Textura
Satinado
Superposición de colores
Textura
Elementos
Motivo:
Ajustar al origen
Escala:
100
%
Profundidad:
+100
%
Invertir
Enlazar con capa

Sirve para texturizar la selección, esto no se hasta que punto debe ser usado.

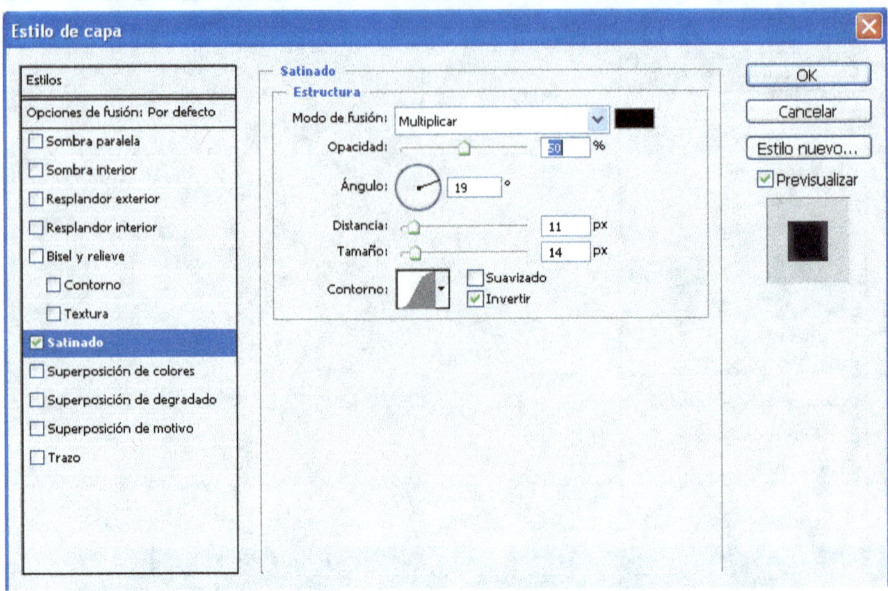

Igual que los anterior, sirve para forzar a colorear una zona del objeto.

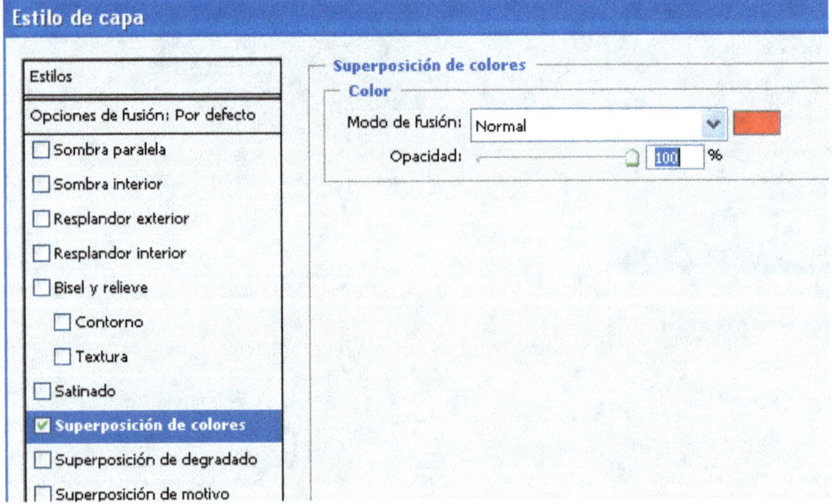

Sirve para mezclar este color con el que tenga el objeto, hay formas de superponer el color, ahí los modos de fusión.

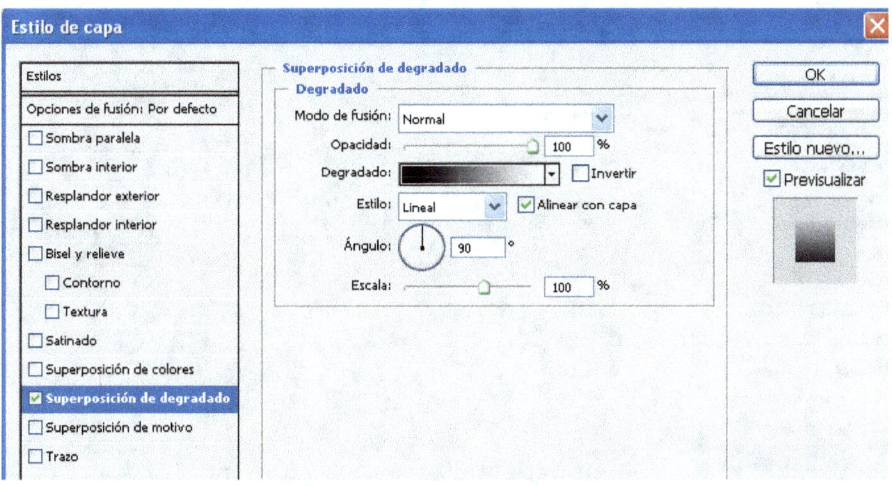

Similar al anterior pero juntando el color del objeto con un degradado de X color a X color. En función de cual apliquemos hará una cosa u otra, también puedes cambiar el estilo y los modos de fusión.

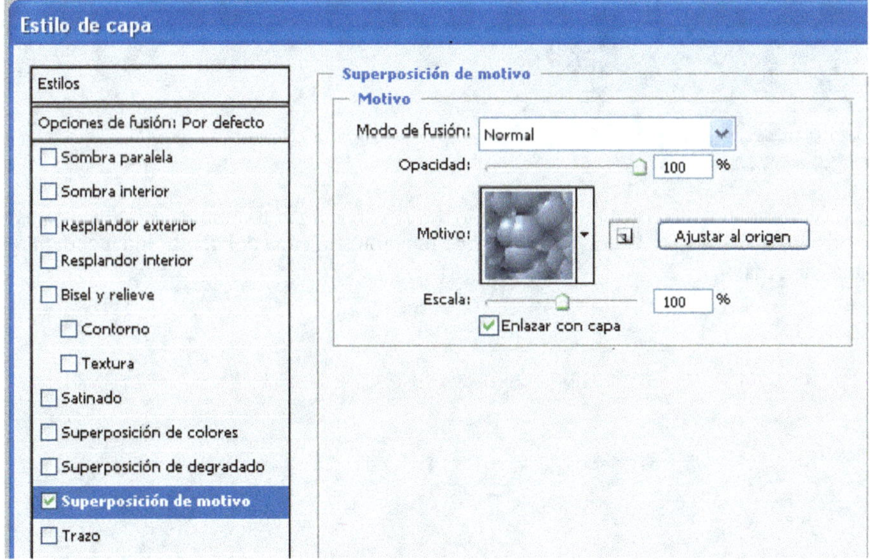

Similar al anterior, pero esta vez con los motivos (o las texturas), se superponen sobre el objeto, a distinta escapa-

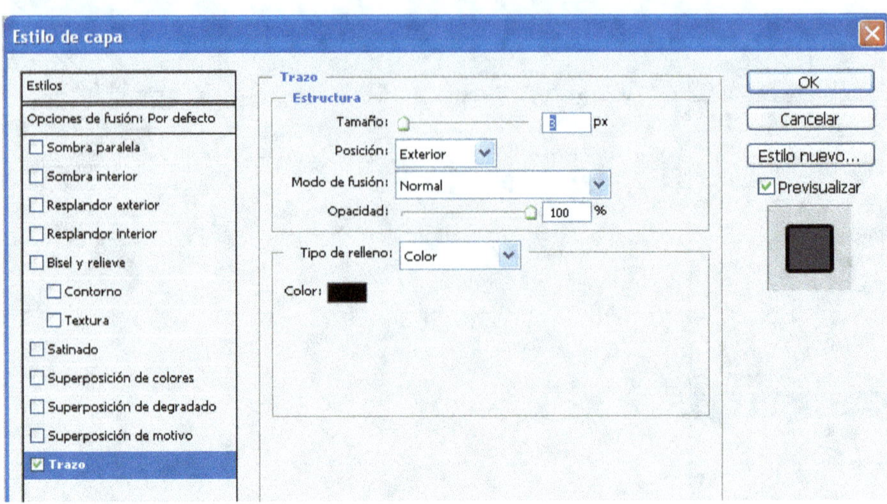

Muestra el trazado del objeto, esto sería similar a un borde. Cambiando el color, la fusión con el objeto y demás.

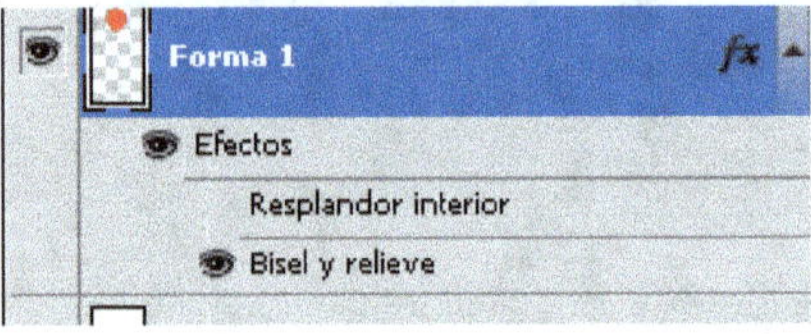

Para dividir los efectos, sirve para conseguir que tengamos la capa del efecto independiente como una capa más:

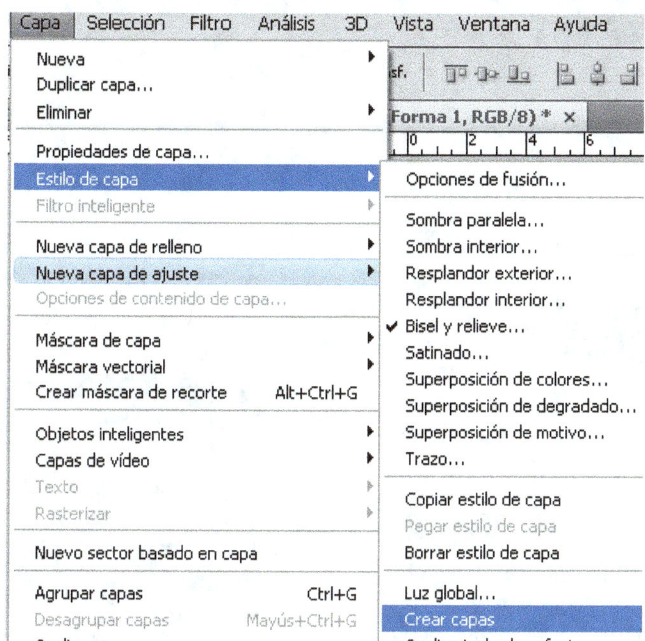

Ahora observamos que la capa ya no tiene los efectos:

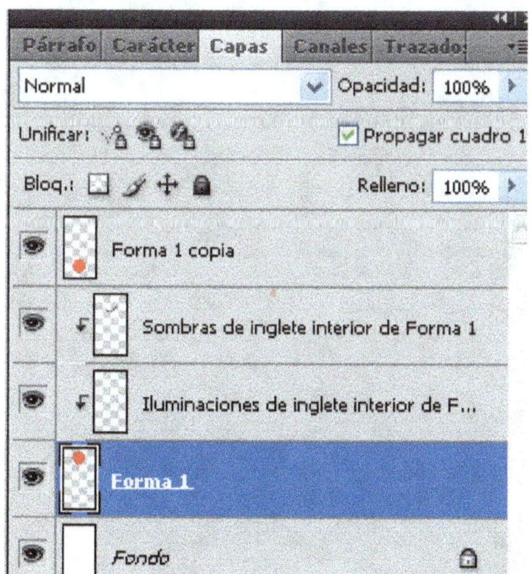

Dividimos en tantas capas como efectos haya.
Observemos el detalle:

Con una sombra paralela, al estar fuera del objeto, saca la sombra entera, en el caso de sombras interiores, el programa debe crear una máscara de capa para poder enmascarar la parte de la sombra que está fuera del objeto, ahora al intentar crear ese efecto como capa, ¿Qué hace? Obtenemos una máscara de capa, solo vemos "lo que tiene el agujero".
La fleja indica que enmascara a esa capa, si queremos desenmascarar:

Pinchamos en la línea que divide la máscara de la capa, presionamos ALT, y hacemos click

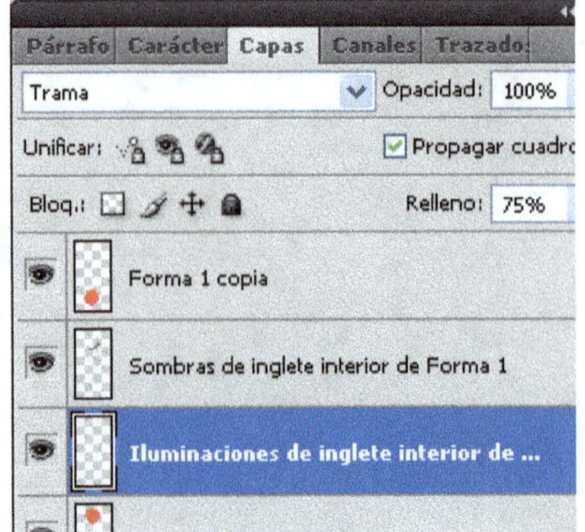

Para volver a enmascarar, repetimos el paso: presionamos ALT y hacemos clic.

También podríamos enmascararla con una capa distinta:

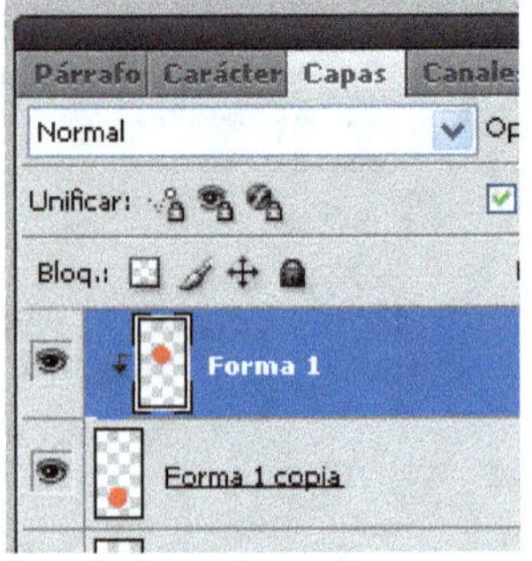

Por ejemplo (sería algo parecido a pegar dentro, con la diferencia de que si pegas dentro puedes tapar y descubrir más imagen).Si enmascaras un objeto sobre otro, el objeto puede tener efectos tipo multiplicar y demás, la imagen pegada dentro no tiene esos efectos.

17.- Creación de un ojo.

Sacaremos dos guías para conseguir marcar el centro del documento.

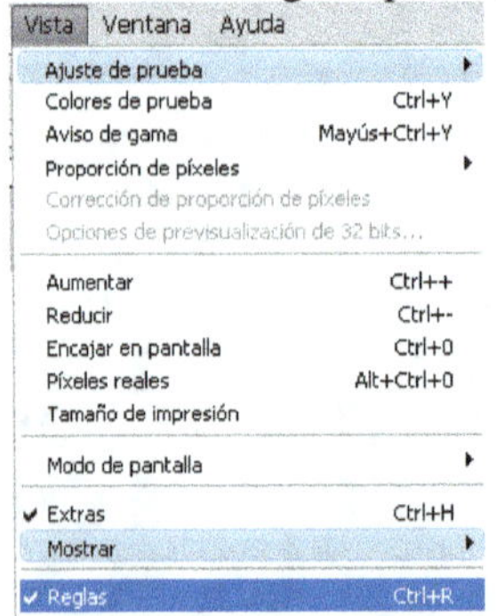

Creamos una nueva capa , en ella: crearemos un

círculo blanco :
Presionaremos shitf + alt para conseguir que sea proporcional hacia todos los lados.
Obtendremos algo así:

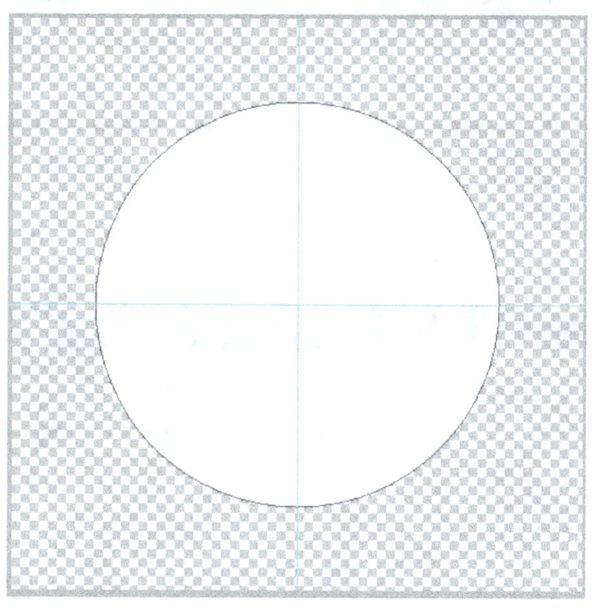

Creamos otra capa , en ella crearemos un círculo más pequeño en negro:

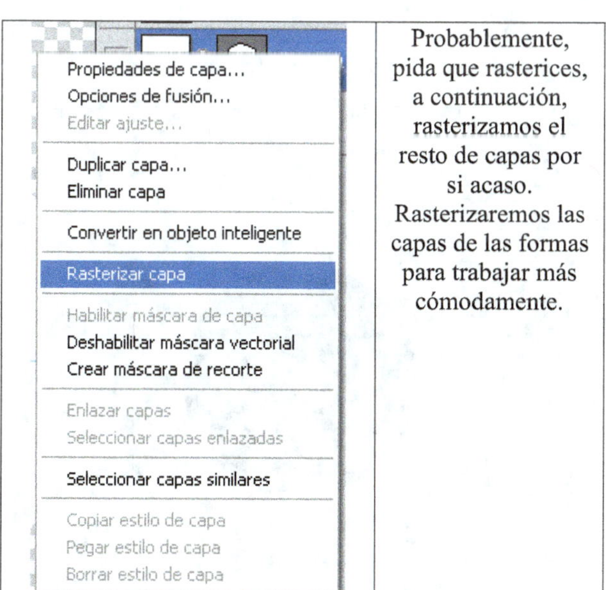

Probablemente, pida que rasterices, a continuación, rasterizamos el resto de capas por si acaso. Rasterizaremos las capas de las formas para trabajar más cómodamente.

Hacemos doble clic sobre la capa Forma 1:

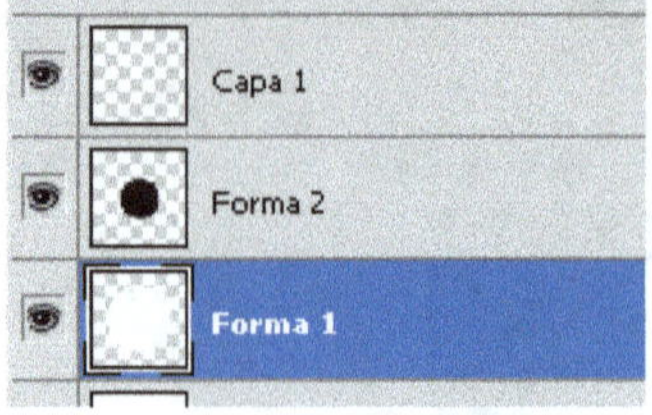

Obteniendo como resultado esta ventana:

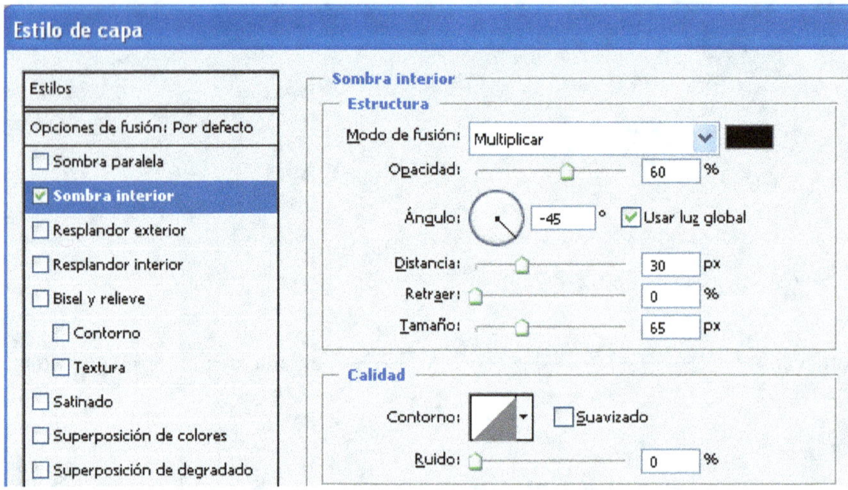

Daremos a aceptar y obtendremos una forma de esfera en el ojo:

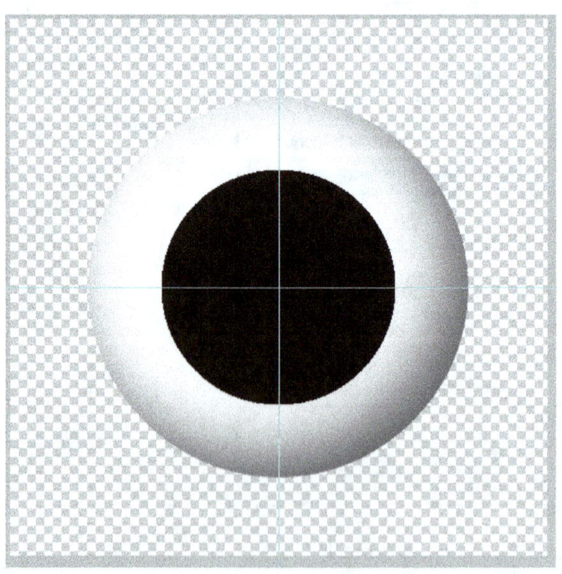

Creamos una nueva capa ________________________________, en ella pintaremos con el

pincel :Sin embargo, deberemos pintar con un pincel especial: para ello, en la ventana de herramientas del pincel:

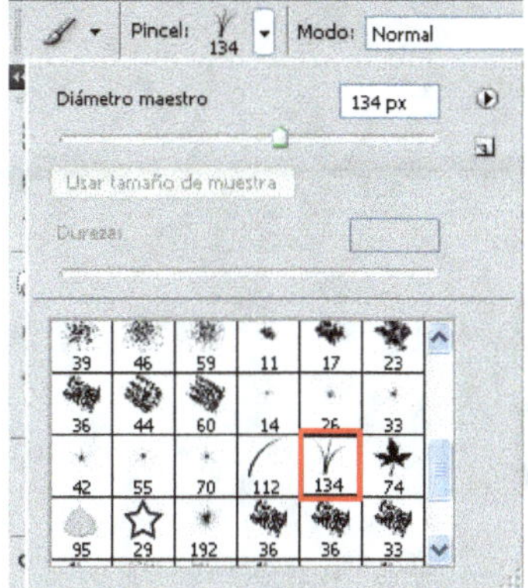

Con la opción 134 seleccionada pintaremos, con el color que queramos (marrón, verde, azúl)

lo que sería el iris del ojo (en este caso usaremos el color verde) 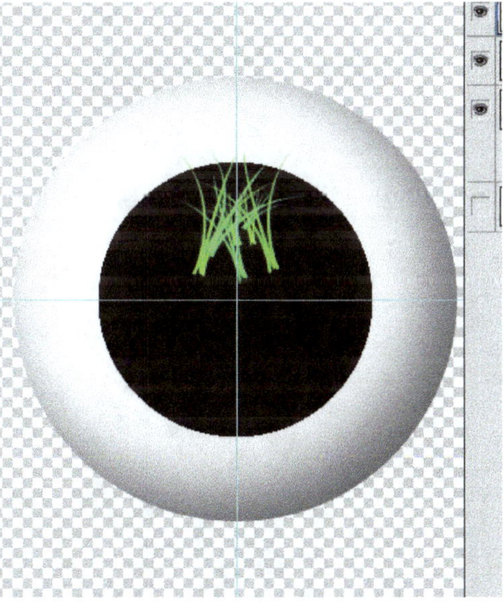 pondremos como fondo y frontal el verde, para que no haya zonas blancas:
Obtendremos este resultado:

Una vez hecho esto, con control + T, giraremos un poco la zona verde, para ello debe estar activada la capa donde hemos pintado.

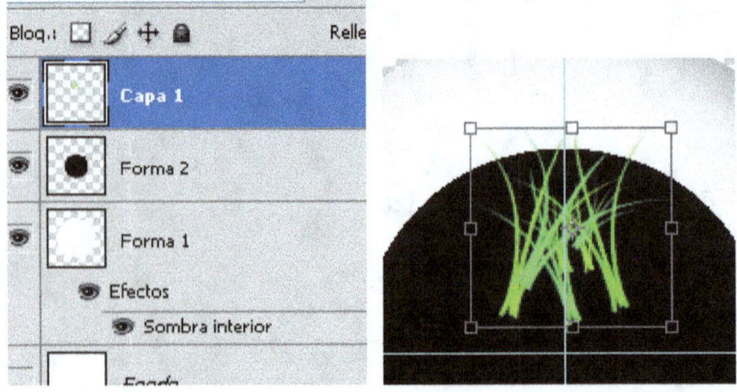

A continuación, bajaremos el punto de giro, al centro del ojo:

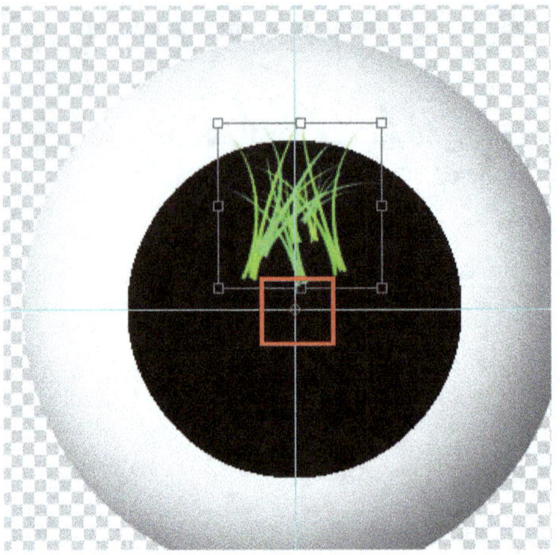

Y procedemos a girar.

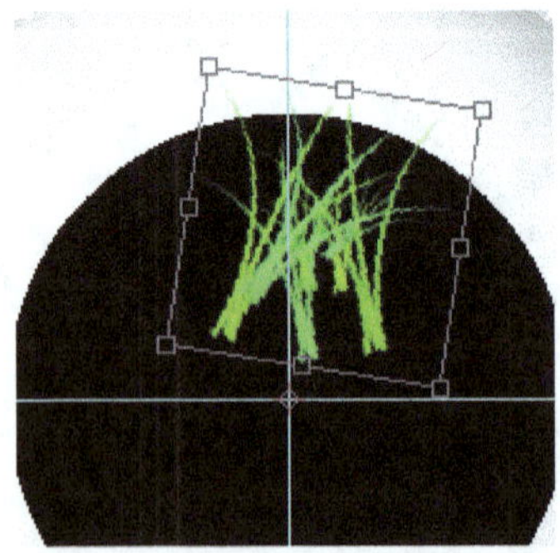

Validamos lo hecho, a continuación presionaremos: shift + control + alt + T tantas veces como queramos conseguir de giro, lo normal serán unas 40, para conseguir algo parecido a un círculo verde.

Para poder más cómodamente, tras tener las 40 capas creadas, vamos a juntarlas en 1 sola, para ello:

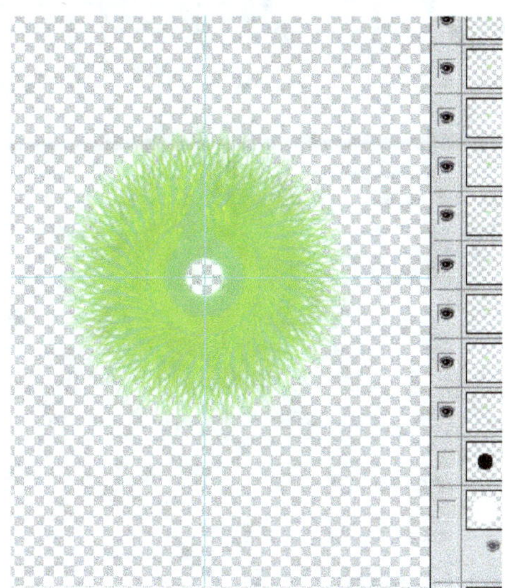

Dejaremos visibles (el ojo) solamente las capas que queremos juntar, aun así, para asegurarnos el resultado satisfactorio, seleccionaremos con shift, todas las capas del iris.

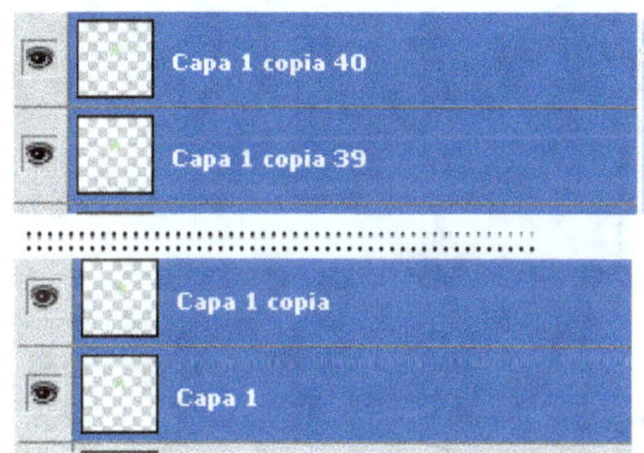

Y ahora presionaremos: Control + shift + E

Una vez tengamos este resultado:

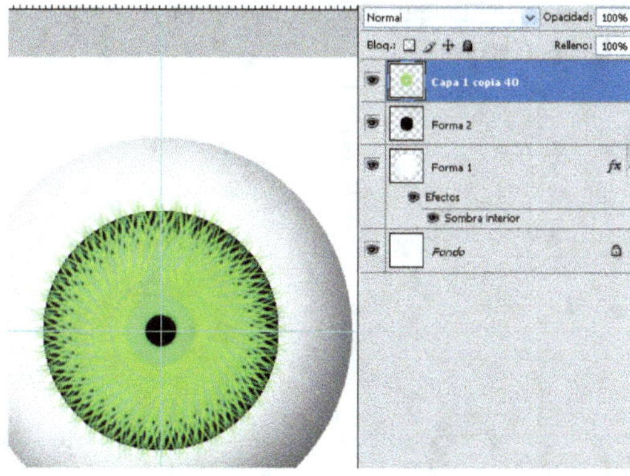

A continuación, desenfocaremos para quitar tanta curva homogénea:

Con la capa del iris seleccionada, iremos a:

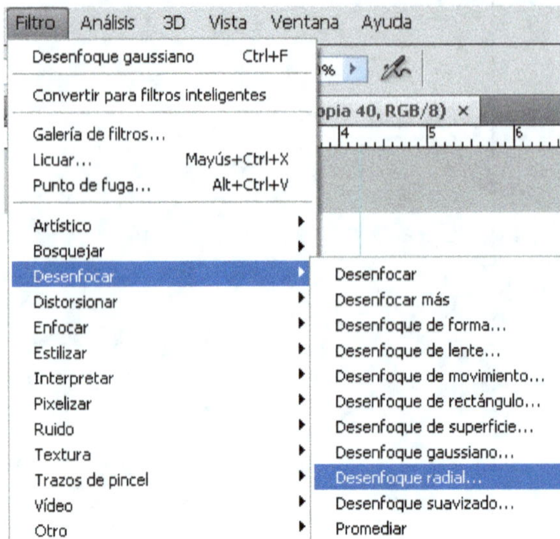

Completamos con estos datos

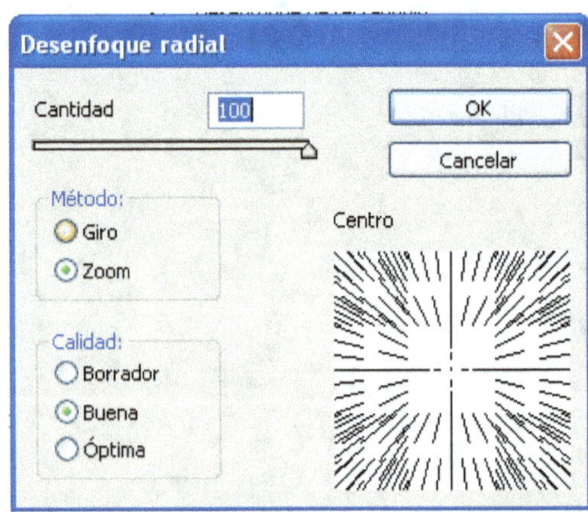

Observamos que nuestro iris es demasiado grande, debemos recortarlo, para ello seleccionaremos el iris control + clic en la capa del iris,

Como lo que queremos es borrar lo que sobra y no lo de dentro:

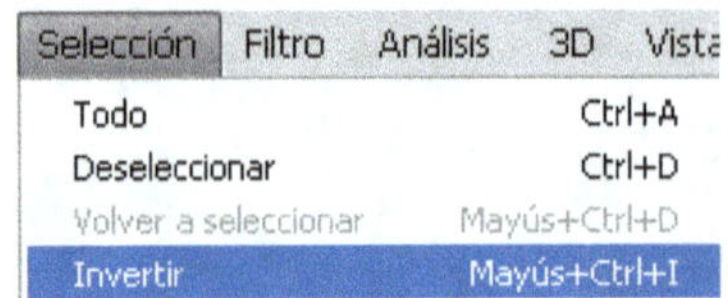

A continuación, daremos a suprimir, consiguiendo algo parecido a esto:

Francisco Javier Fernández Martín.

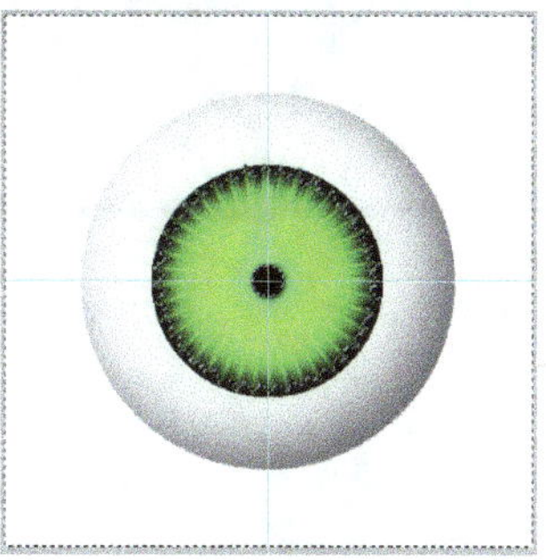

Una vez hecho esto, duplicamos la capa del iris

Ahora giraremos un poco la capa nueva para que no quede tan homogéneo:

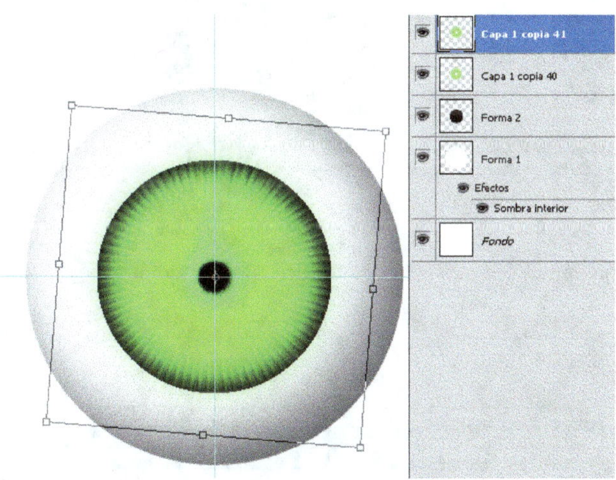

Una vez duplicada iremos a:

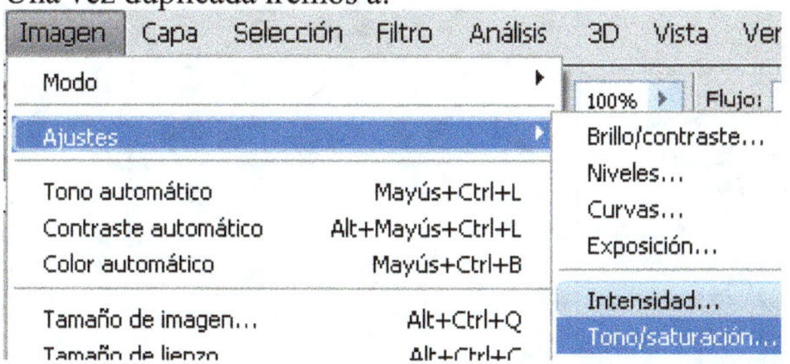

En la ventana de saturación pondremos estos valores (aunque puedes hacerlos a ojo, pero que sea del mismo color que el iris…): teniendo la opción de colorear activada.

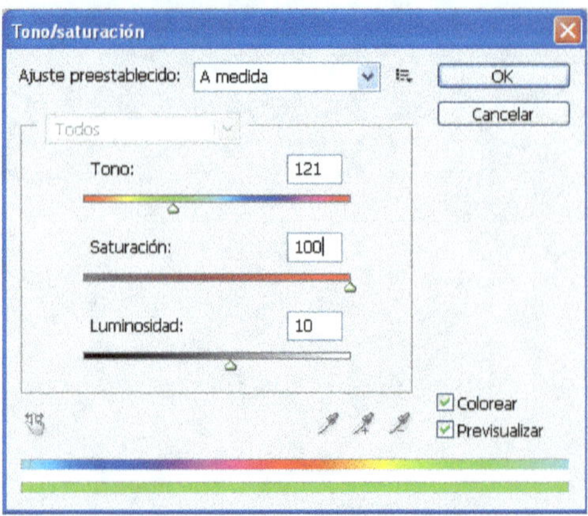

En el caso de que veamos que sobre sale del círculo negro, repetiremos el paso previo al anterior, para eliminar la parte sobrante.

A continuación, reduciremos la imagen de la capa duplicada, hasta un 90% o así, esto se hace, con control + T y de los tirados con shift + alt presionados:

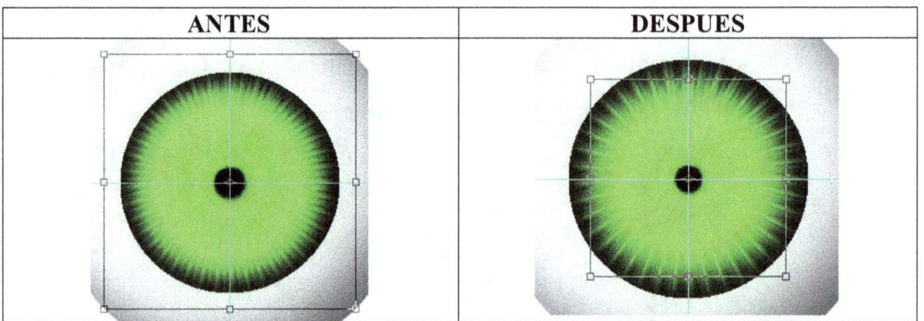

Una vez reducido el tamaño, si queremos le podemos dar otro desenfoque radial.

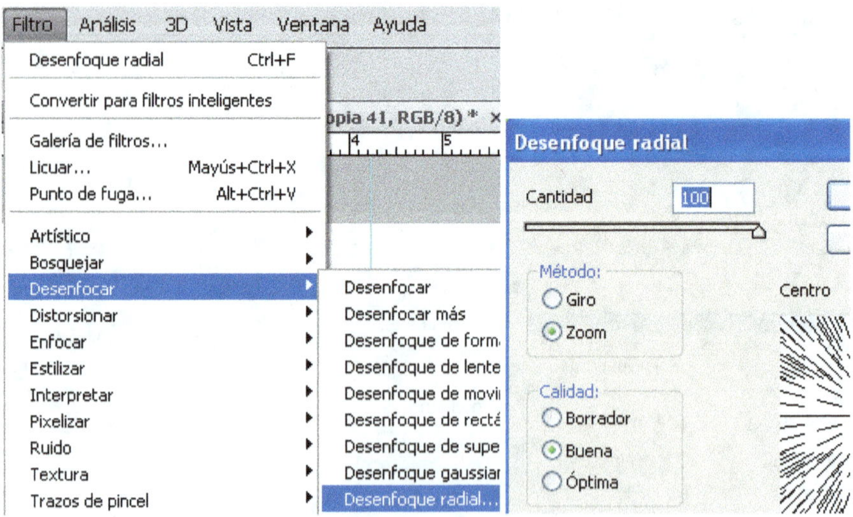

Ahora creamos otra capa, creando un círculo negro mucho más pequeño, el que nos servirá las veces de pupila:

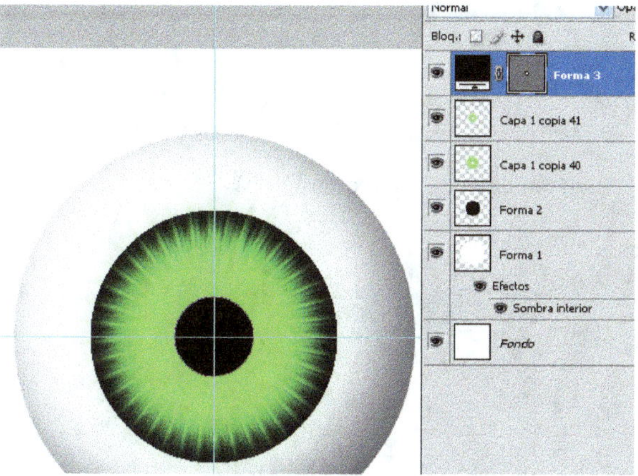

A continuación, rasterizaremos la capa:

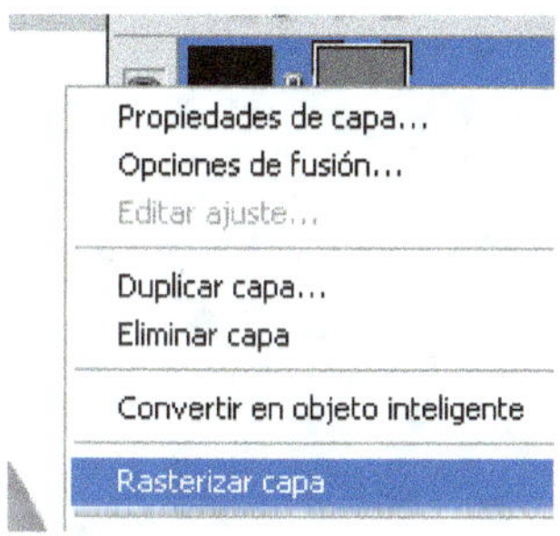

Una vez hecho esto, aplicaremos un desenfoque gaussiano (al círculo negro creado ahora) de unos 3 a 15 píxeles de desenfoque, en función de cómo lo veáis:

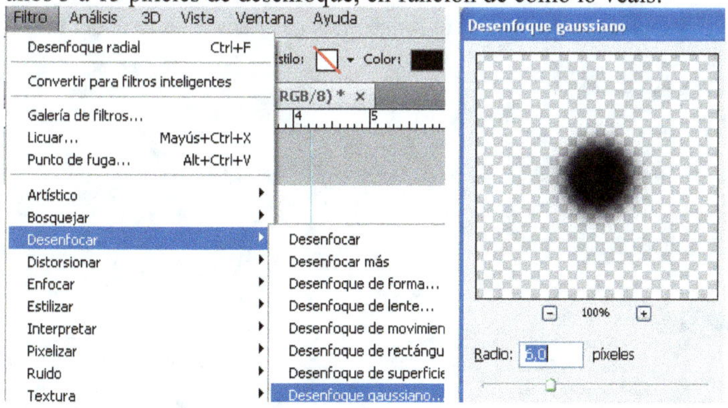

Ahora crearemos unos brillos en el ojo,

para ello, creamos una nueva capa   :

y pintaremos algo así con el pincel   y de color blanco   :
Seleccionaremos el pincel normal:

Francisco Javier Fernández Martín.

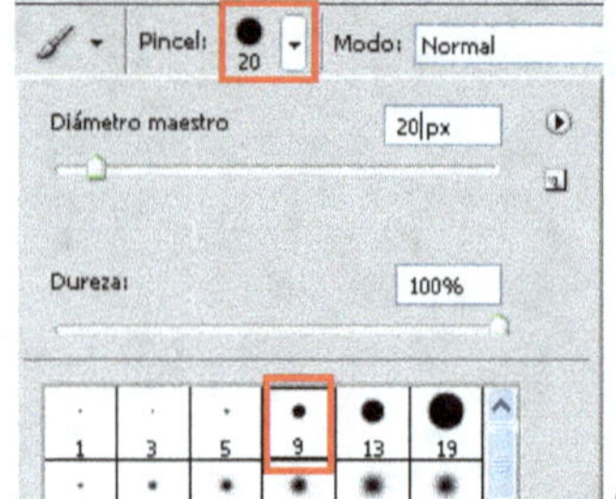 (Con un tamaño de 20 px. estará bien)

A continuación, pintaremos algo así:

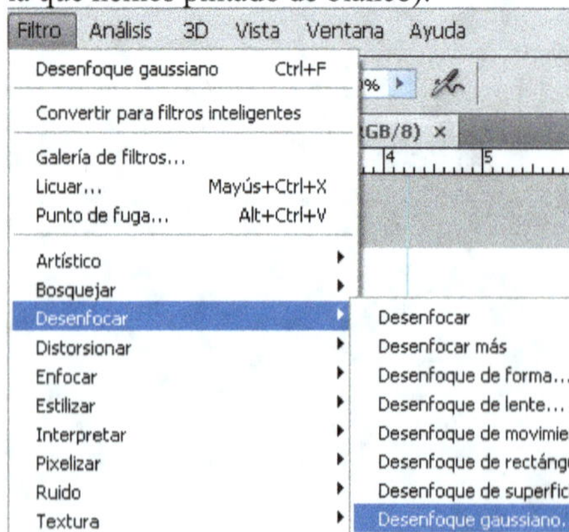

Ahora desenfocaremos con el desenfoque gaussiano (debemos tener activa la capa del brillo, la que hemos pintado de blanco):

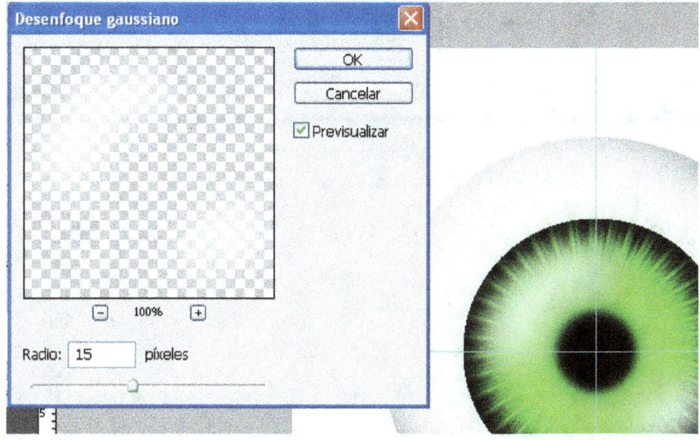

Pues ya está nuestro ojo, esto lo haremos varias veces hasta que salga un ojo chulo…

18.- Cara sangrienta.

Usaremos una textura de corteza de árbol.
Partiremos de la cara de alguien:

Traeremos la textura a la imagen de la cara.

La ajustaremos a la zona de la cara, y el cuello que se vea:

Deberemos probar con ambas capas e ir probando opacidades:

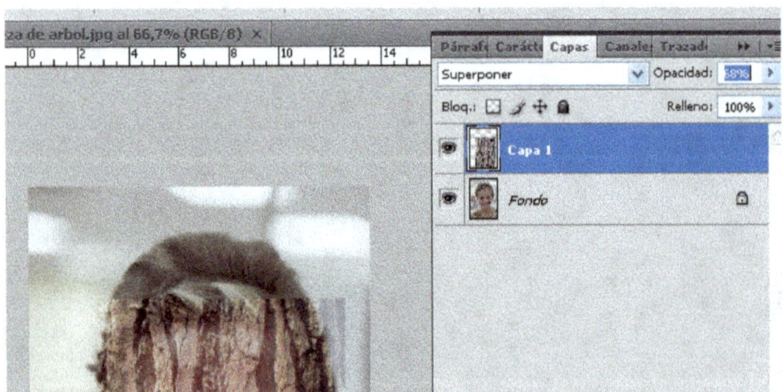

Crearemos una máscara de capas para ajustar la corteza a la cara de la mujer.

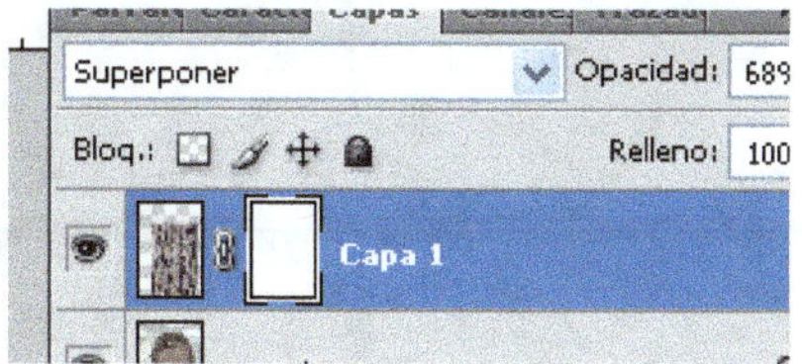

A continuación, con las opciones de pintar (pincel 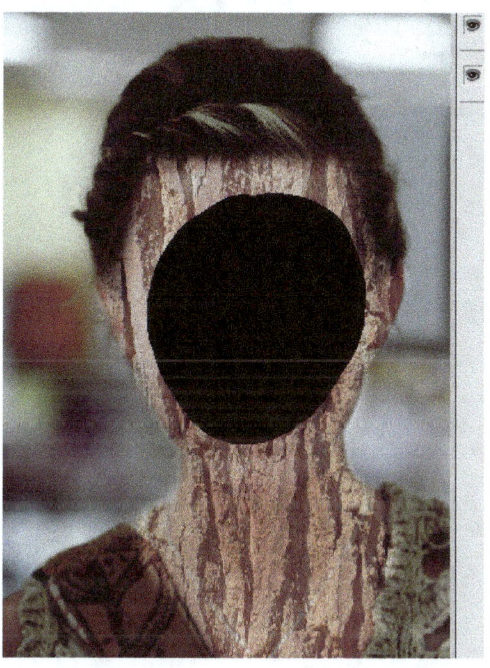 iremos quitando la corteza de donde no haya cara.

También evitaremos poner la textura en los ojos y en la boca.

Como resultado quedaría algo así, podeis jugar con la forma de disolver las capas, fondos, colores…etc

También podríamos probar a hacerlo en blanco y negro, o con la opción de desaturar:

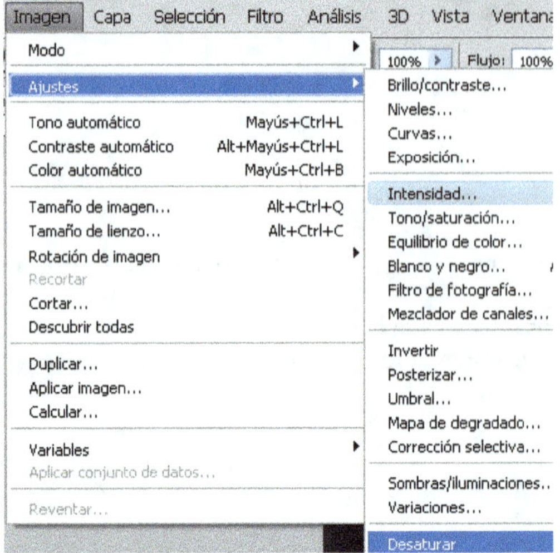

Así conseguiremos que quede mejor la imagen y la fusión.

19.- Capa Vectorial.

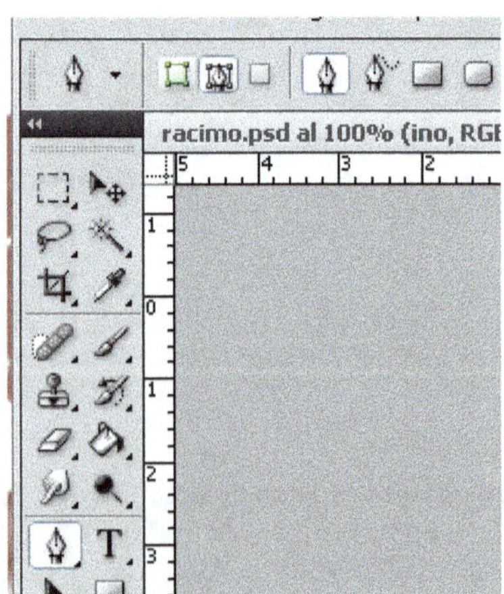

si elegimos la primera opción, estaremos creando una capa vectorial, la cual podremos colorear, pintar, meter estilos…etc

Además de hacerlo con la herramienta de trazado, se puede hacer con:

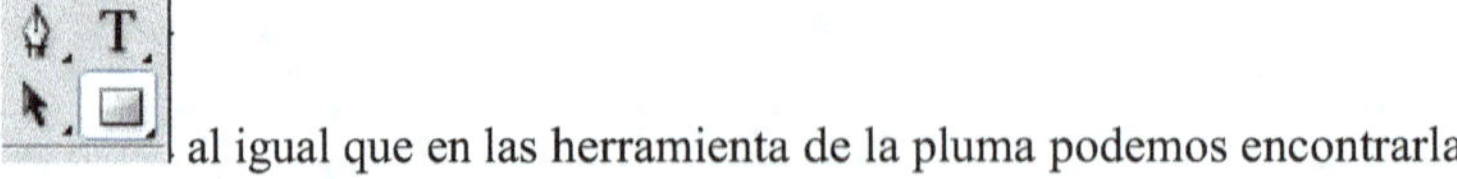

al igual que en las herramienta de la pluma podemos encontrarla.

También tenemos formas personalizadas:

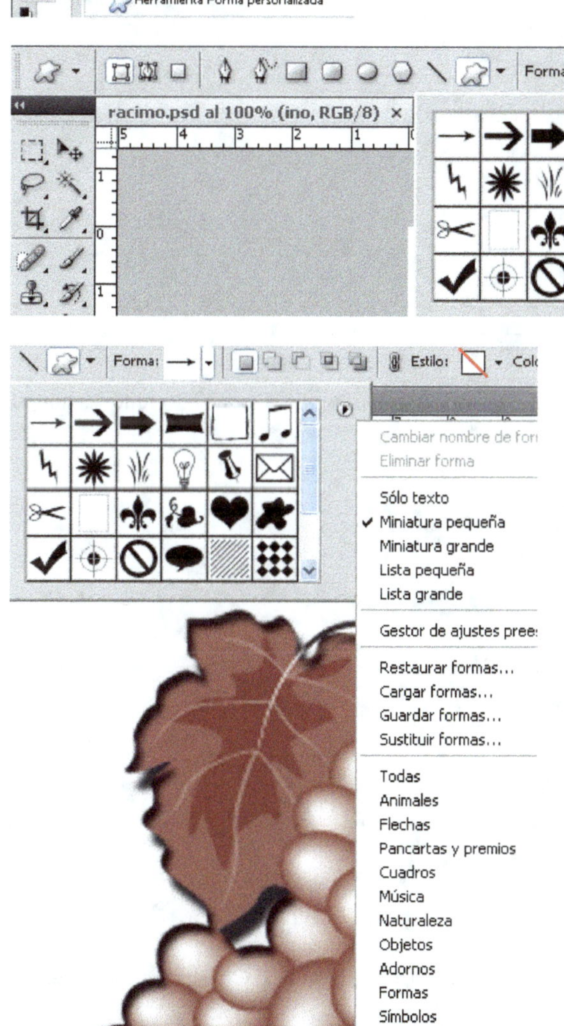

Hay diversos tipos de cosas vectorizadas.

20.- Collage.

Abriremos cualquier imagen:

Duplicamos la primera capa:

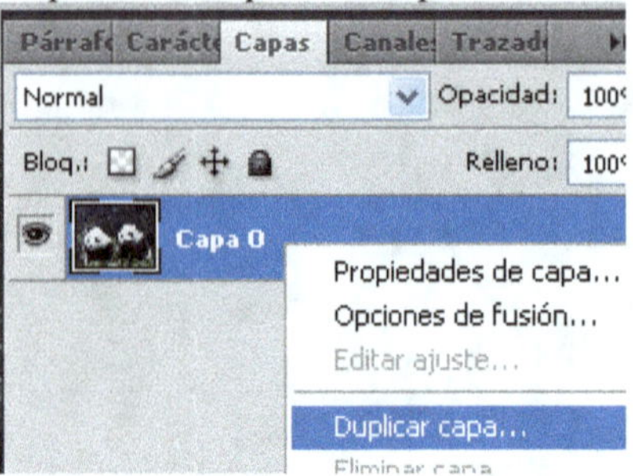

A continuación, creamos otra capa:

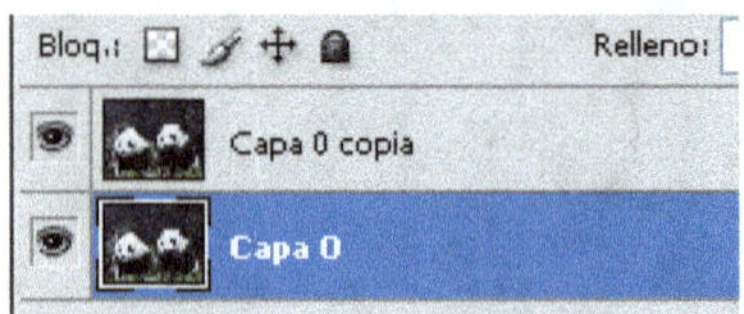

y le aplicamos un degradado de fondo

Una vez hecho esto, con la herramienta de cuadrado, haremos un cuadrado redondeando la imagen .

Una vez hecho esto:

Con ALT presionado, haremos clic entre la FORMA 1 y CAPA 0 COPIA para enmascararlas: quedando así:

Una vez hecho esto, daremos un marco blanco para ello:
- con Forma 1 seleccionado, creamos otra capa, y la colocamos debajo de esta.
-

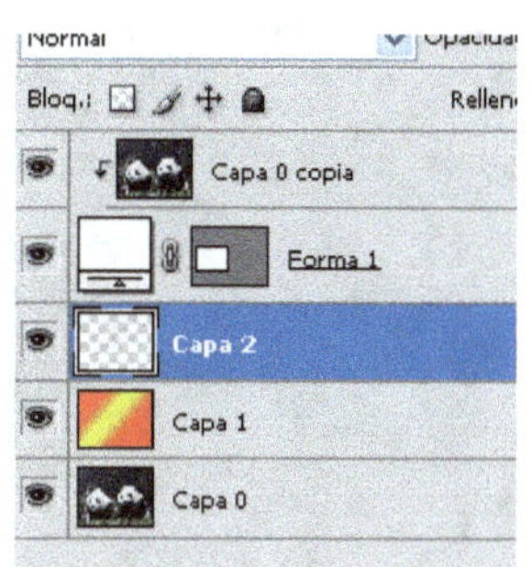

Ahora, con Control presionado, hacemos clic aquí: así conseguiremos seleccionar el área del rectángulo.

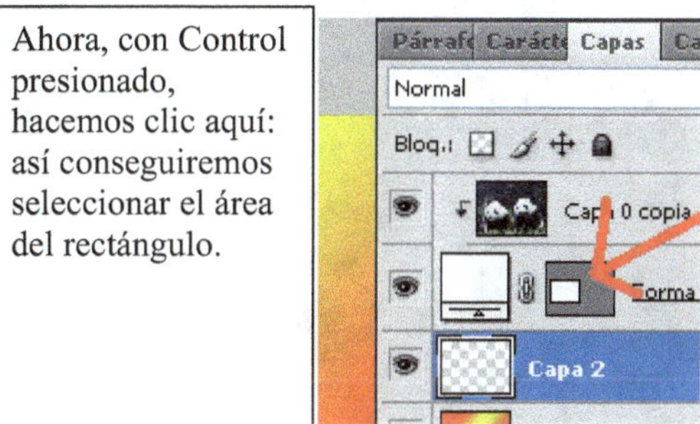

-

Nos debe quedar la imagen así:

Una vez hecho esto, daremos a transformar selección:

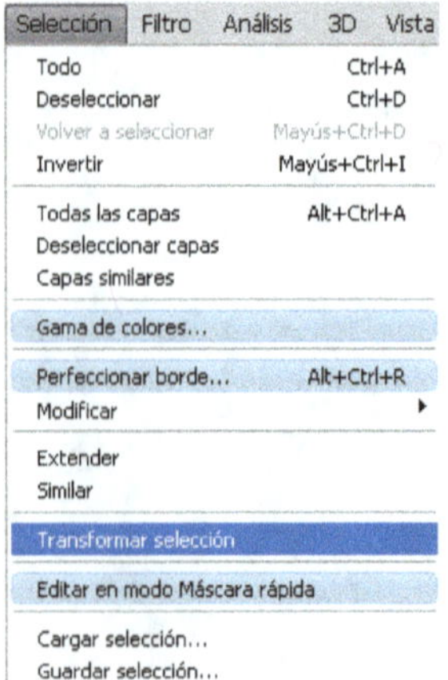

Hecho esto, con los tiradores, haremos más grande el área del rectángulo…

Aplicaremos (dando al tic, o doble clic dentro del cuadrado), y daremos a rellenar de blanco:

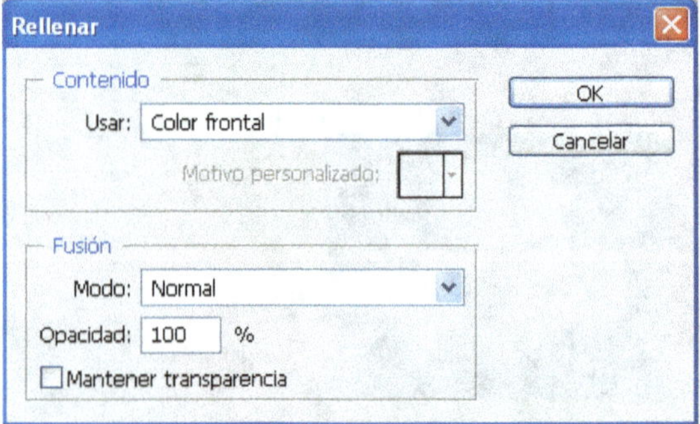

Quedando como resultado así:

A continuación, juntaremos la capa blanca con la de la forma para poder moverla a nuestro gusto.

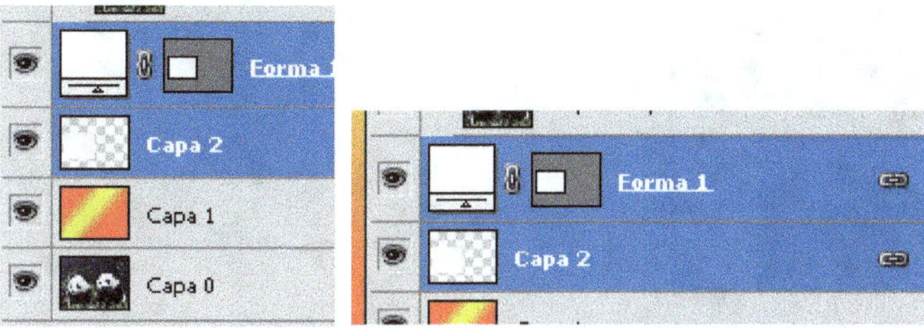

Ahora si la moviéramos veríamos que vamos destapando imagen…

Deben estar juntas, para no dejar la parte blanca por ahí suelta…

Si no las tuviéramos juntas, pasaría esto:

Si ahora queremos mostrar más zonas de la imagen, metida también en este cuadrado, bastaría con agrupar esas 3 capas e ir copiándolas cada vez que queramos tener un cuadrado.

Para agruparlo:
Seleccionamos las 3:

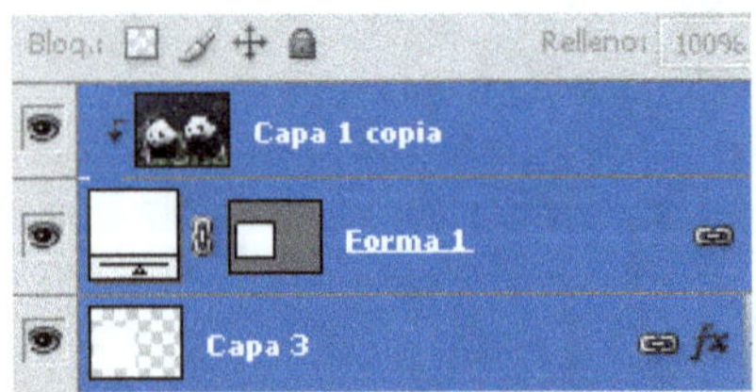

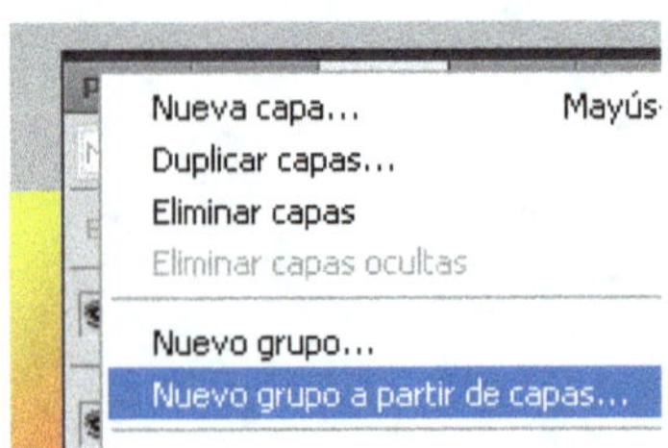

Ahora crea el grupo, y ya estaría.

Una vez hecho esto,

Duplicaremos el grupo:

Francisco Javier Fernández Martín.

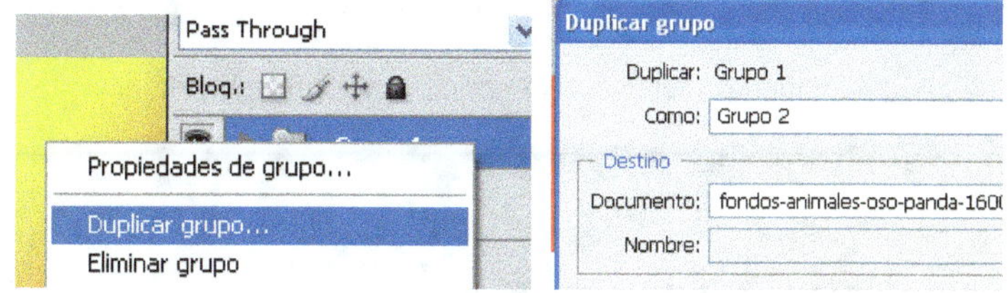

Ahora, en la opción de grupo 2, al copiar el contenido, hemos copiado la capa blanca con la de forma 1, y al moverlas, se mueven ambas a la vez:

Ahora crearé un tercer grupo y obtendremos como resultado esto:

Quedaría la imagen así:

Y si quieres a la capa de blanco le puedes meter una sombra, con los efectos y demás.

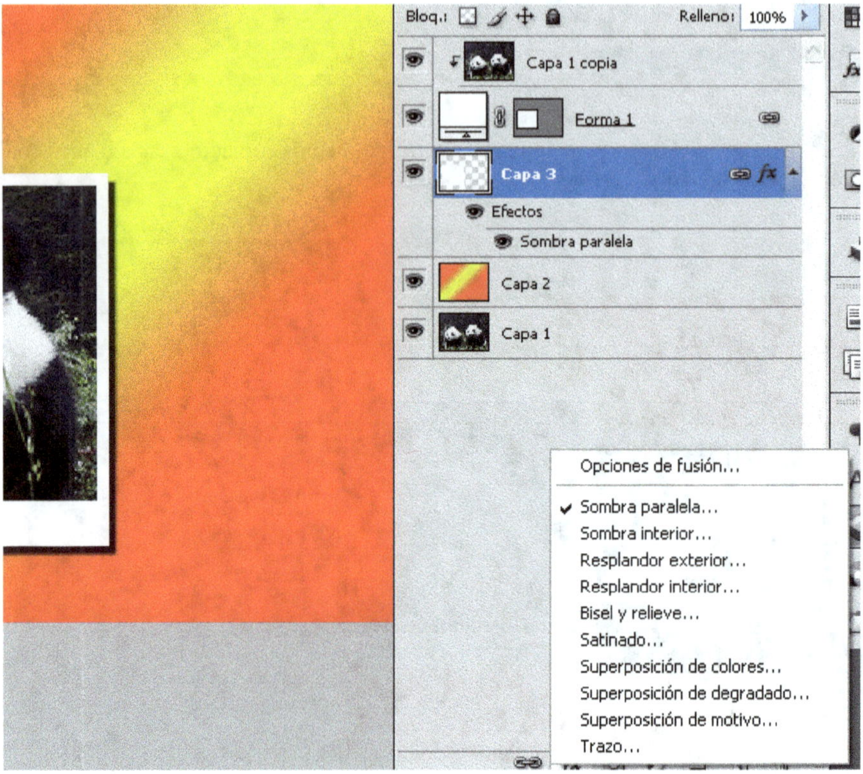

También puedes rotarlo.

Si lo que queremos es poner color salmón o rojo alguna foto… simplemente, habría que colorear,

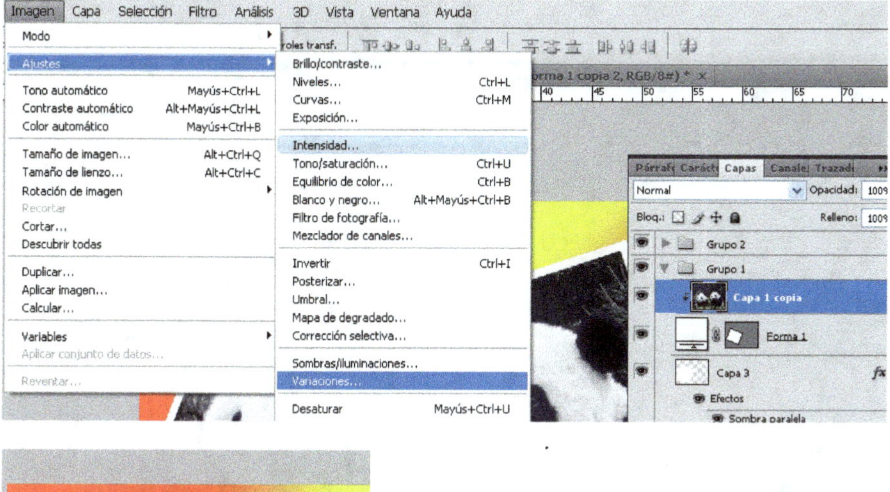

VER EJEMPLO EN PSD.

21.- Ventana.

Menú Ventana (veremos uno por uno):

El primer menú que nos encontramos es el menú 3D, en el CS4, han dedicado un menú entero para 3D, pero ha de ser importado desde un programa externo, tipo 3D Studio Max.

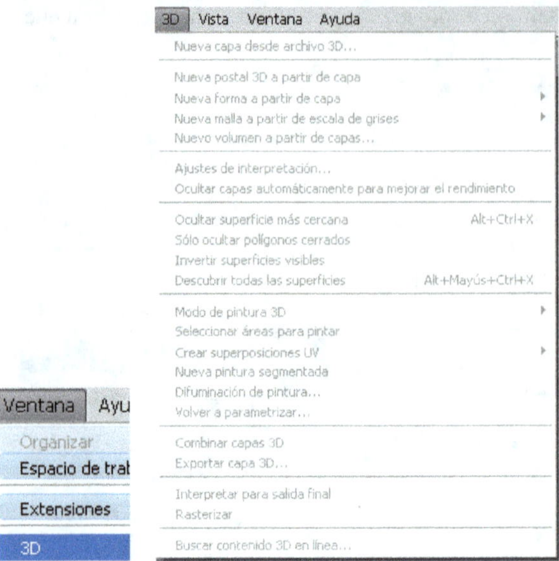

Submenú Acciones:

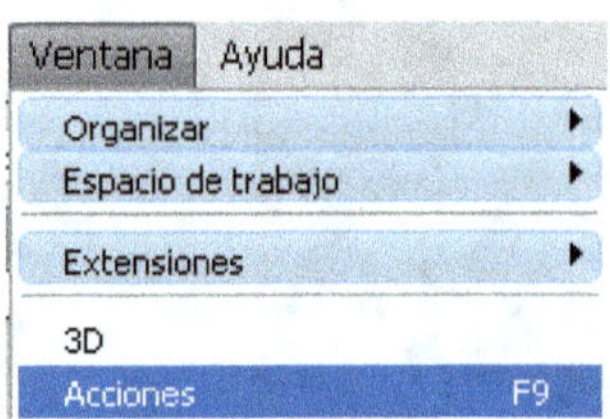

Supongamos que quisiéramos poner muchas imágenes con un filtro de carboncillo:

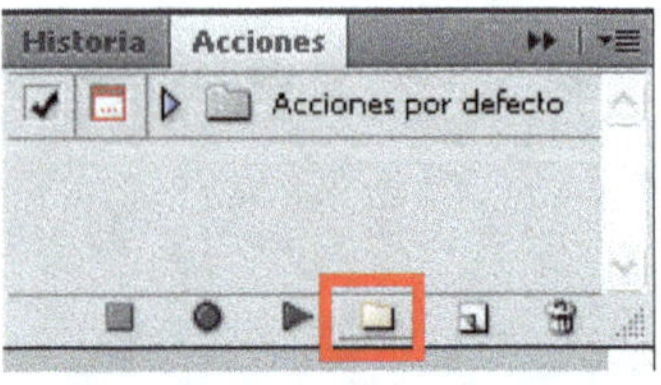

Crearíamos un grupo que contendrá acciones…
Ahora creamos una acción:

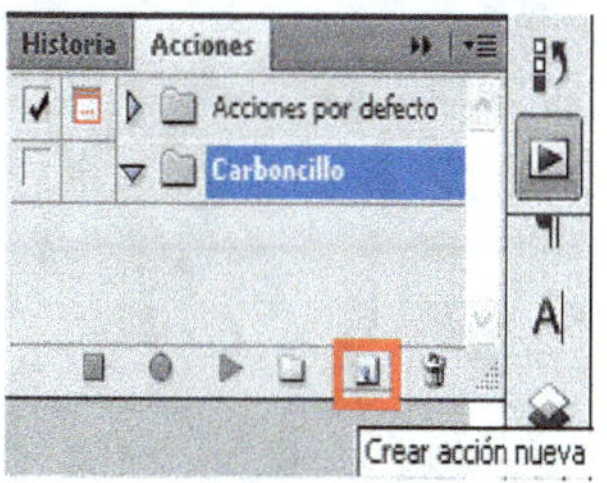

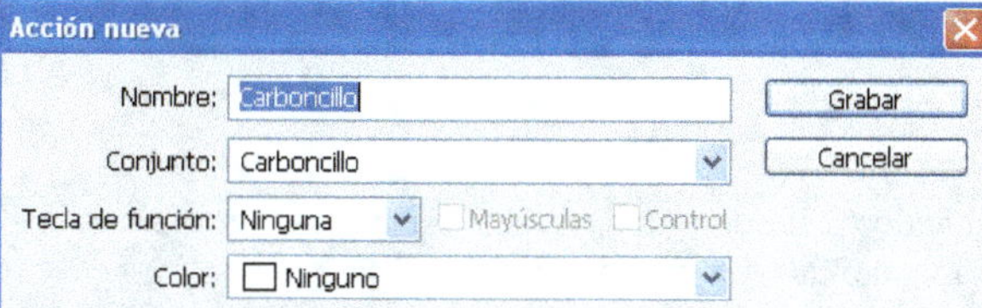

A la hora de configurar, podríamos asignarle una tecla en la opción:

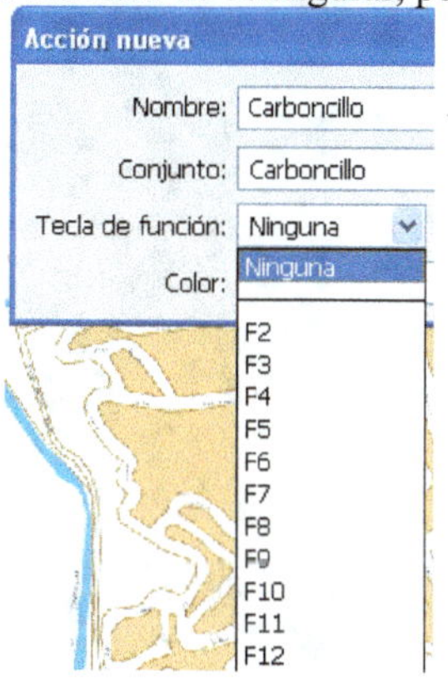

Una vez hecho, daríamos a   Grabar

Observamos que el botón grabar está activado, por tanto comenzaremos a grabar los pasos a seguir:

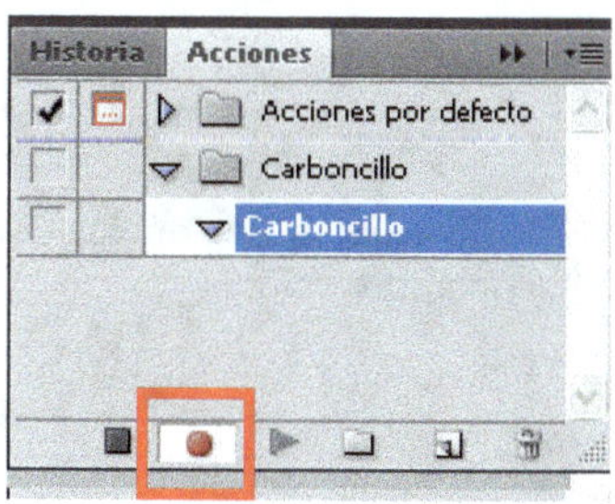

Ahora iríamos dando lo que queremos que haga, en este caso, un filtro de carboncillo.

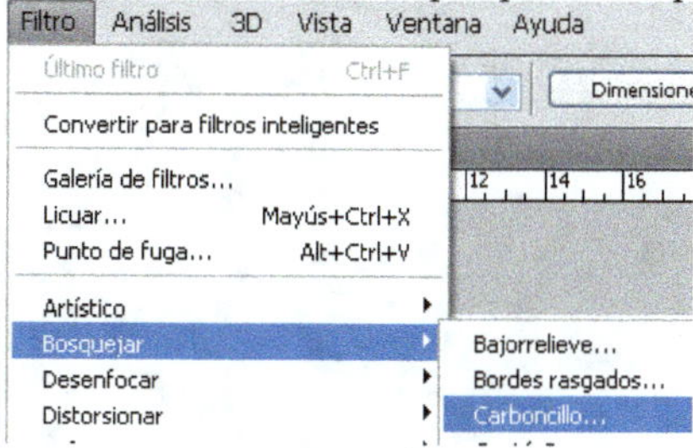

* podríamos hacerlo con cualquier otro filtro y opciones... aunque las de selección no son recomendables, dado que nunca sabes qué parte de la imagen va a seleccionar.

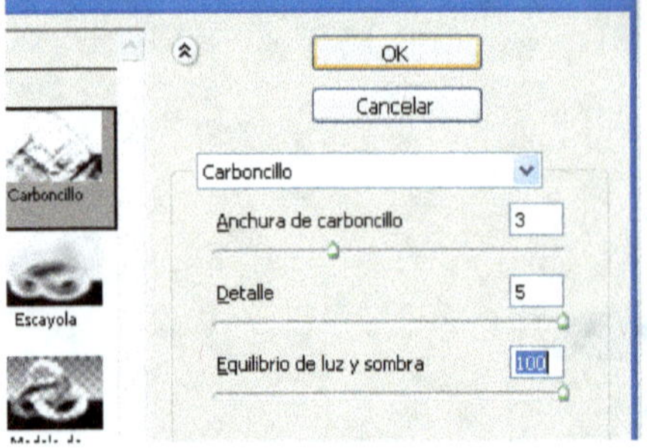

Una vez hecho, detendríamos el grabado (o si queremos realizar más cosas, pararíamos el carboncillo y daríamos a nueva acción, así hasta que queramos):

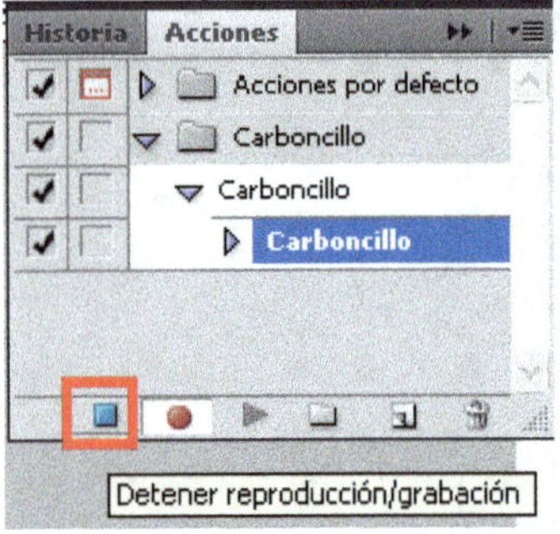

Ahora cada vez que diéramos a play, haría esto del carboncillo.
Ahora, esto podríamos hacerlo a las fotos de una cámara digital, preparamos una acción de conversión a lo que sea, y crearíamos un lote, haría la acción a cada archivo de la carpeta (es parecido a las Macros del Word).

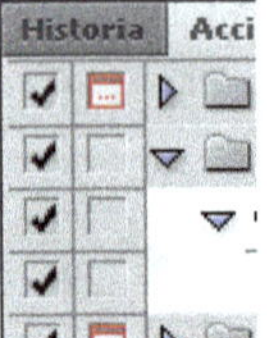

→ Si activamos la opción del tic, realizará esa tarea, si activamos la opción del cuadrado rojo, cada vez que realice algo, parará para que el usuario ajuste valores.

Para automatizar las acciones:

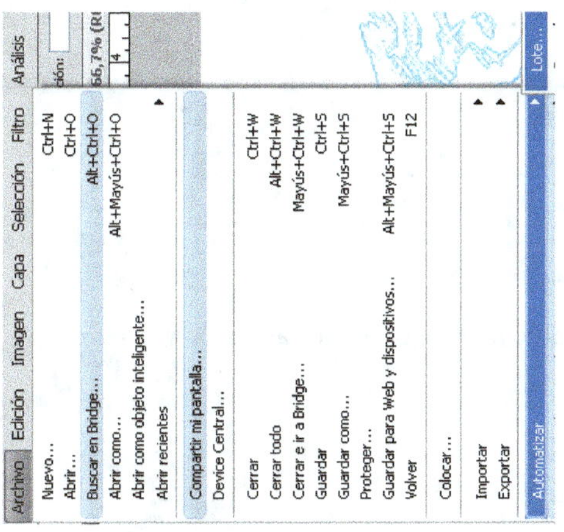

En la siguiente ventana iremos poniendo lo que nos pida:

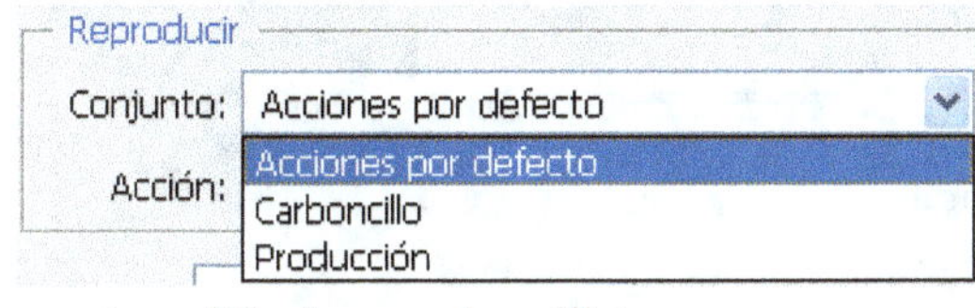

mostrará los conjuntos creados por nosotros. (Elegimos carboncillo)

En este caso, solo teníamos creada una acción que se llama carboncillo, así que aplicaremos esta acción, si tuviéramos más aplicaríamos todas o solo la que quisiéramos.

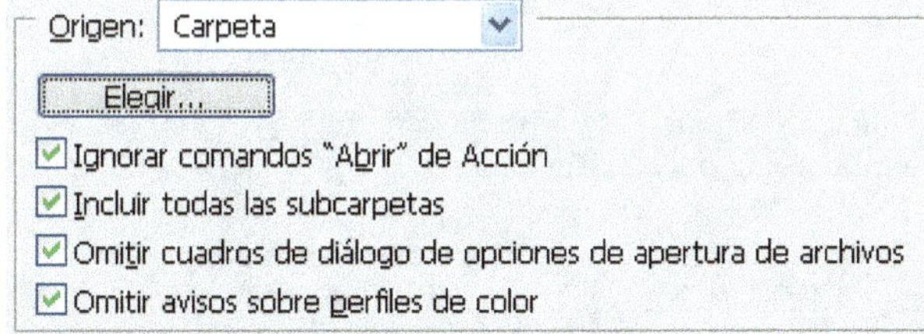

Aquí podremos elegir la carpeta de origen, donde estarían todas nuestras fotos, y para que no pregunte las opciones de abrir.

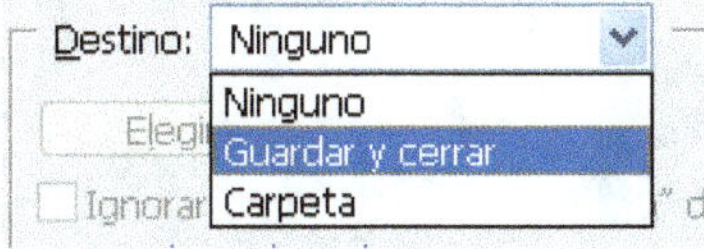

La opción que recomiendo es la de Carpeta, para así tener una copia y comprobar el resultado, dado que si guardamos y están mal, nos quedaremos sin ellas.

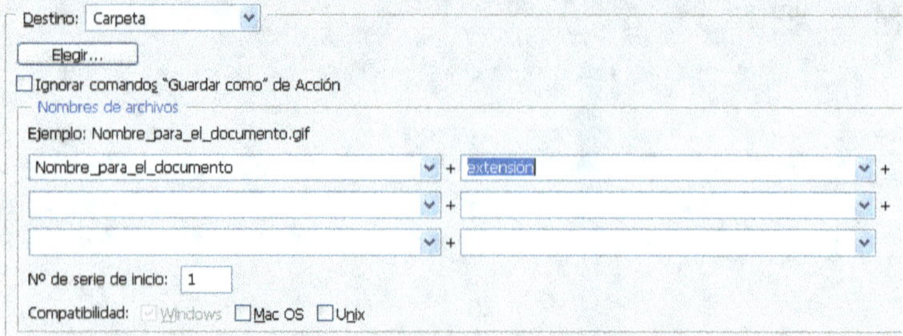

Una vez elegido el destino, pondremos el nombre nuevamente a los archivos y daremos a

OK

Submenú Ajustes:

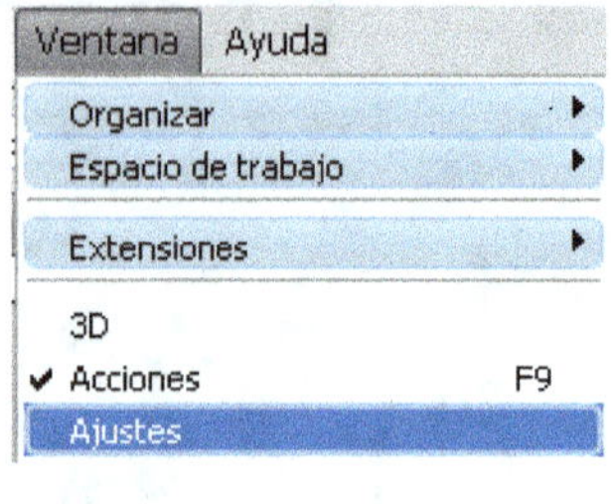 Igual que ir a 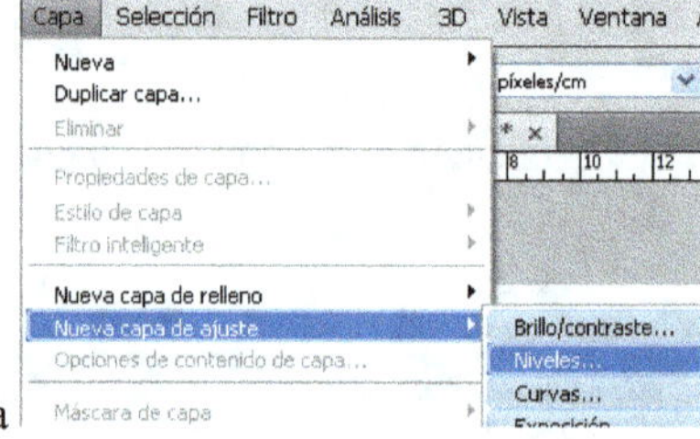

Submenú Animación:

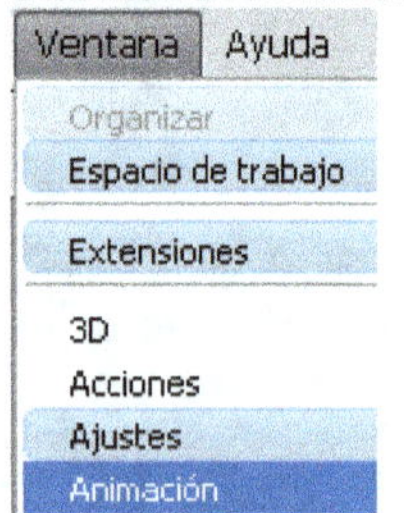

Este menú se usa para hacer GIFS animados, ya vimos cómo se usaba en una explicación anterior.

Submenú Canales:

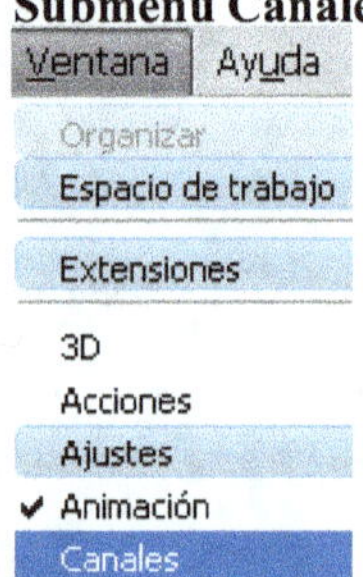

Esta opción ya la hemos visto anteriormente en muchos ejemplos, sin embargo explicaré un poco su función:

- Se utiliza para dividir los colores que coronen a una imagen, CMYK, RGB, LAB, etc.

La forma de cambiar los canales es la siguiente:

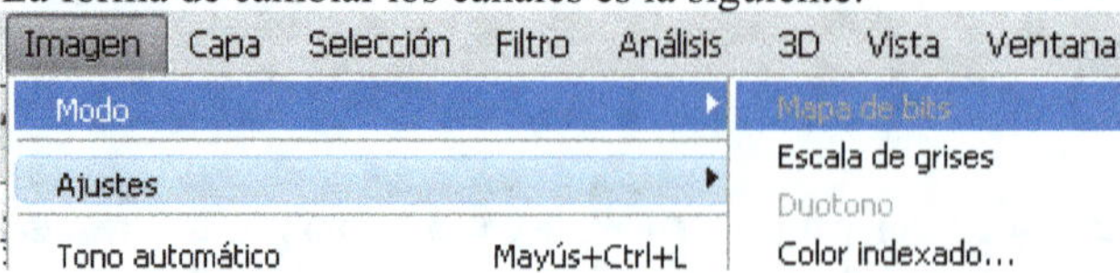

Y se verán de la siguiente forma:

RGB

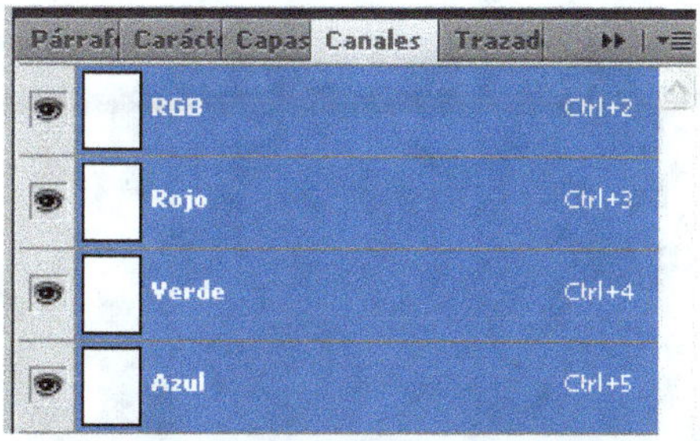

CMYK

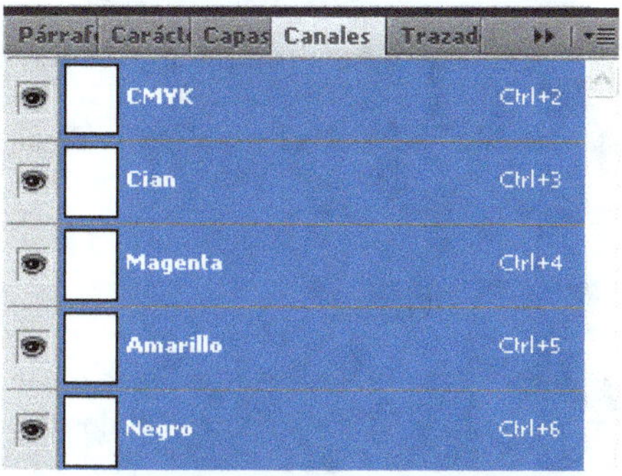

Escala de grises

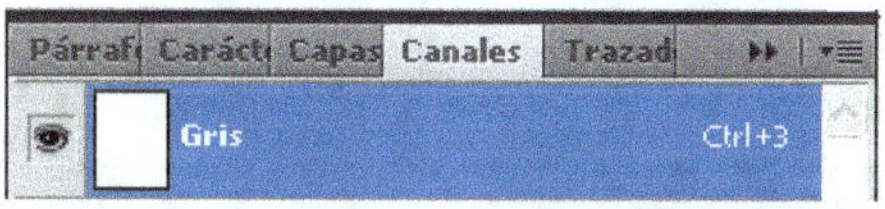

Duotono

Color Indexado

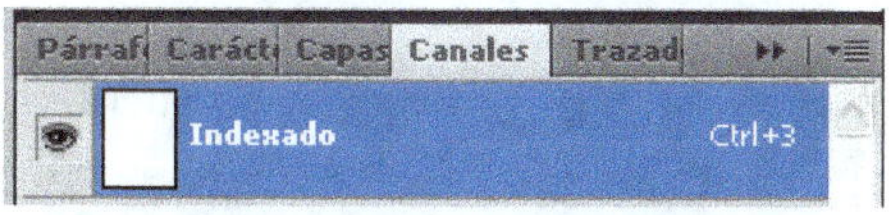

Lab

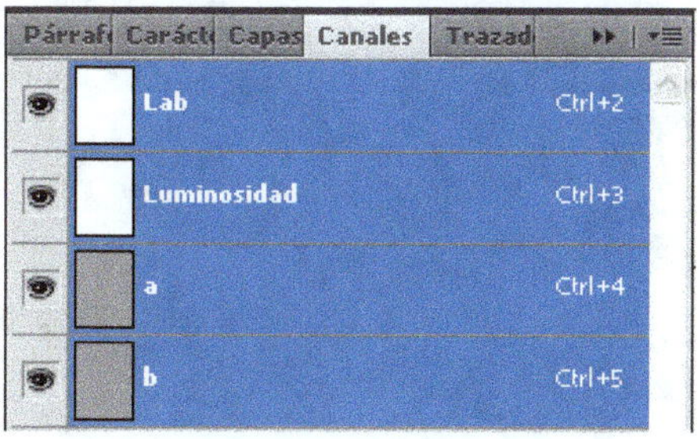

Multicanal

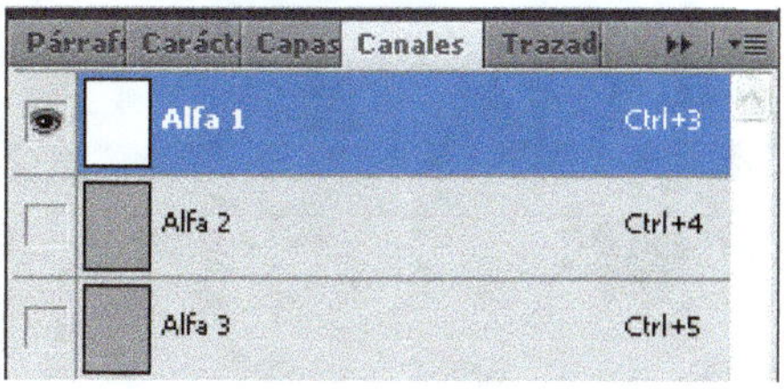

Podremos crear nuevos canales, en los cuales seleccionaremos con herramientas de pintura:

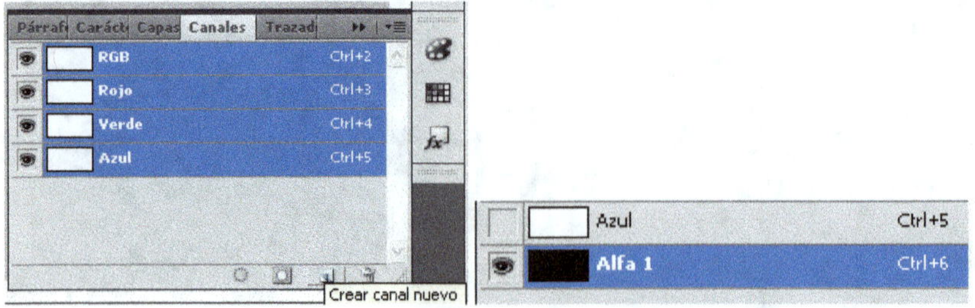

Una vez creado el canal, empezaremos a seleccionar con herramientas de pintura.

Estas son algunas de las herramientas de pintura:

Submenú Capas:

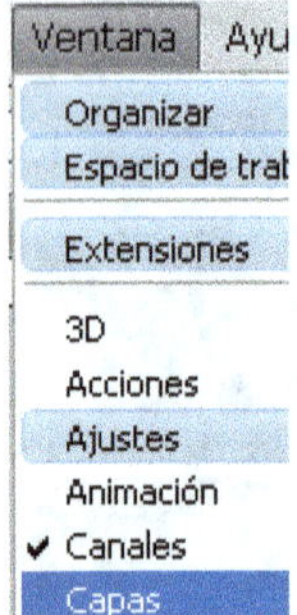

Este menú no tiene mucho que explicar, dado que llevamos trabajando con él desde que comenzamos Photoshop.

Submenú Carácter:

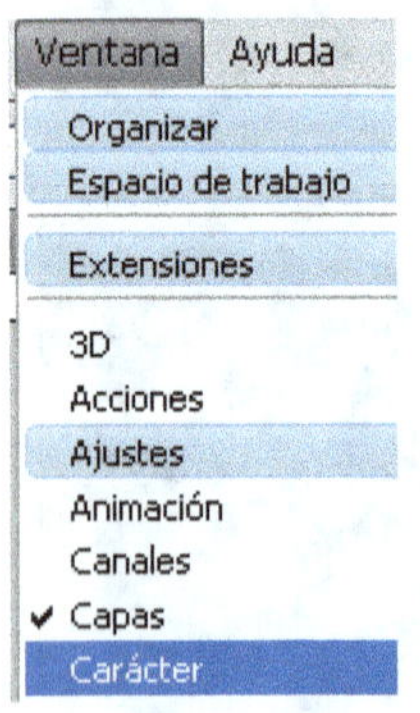

Este menú no tiene mucha explicación, es el de editar textos:

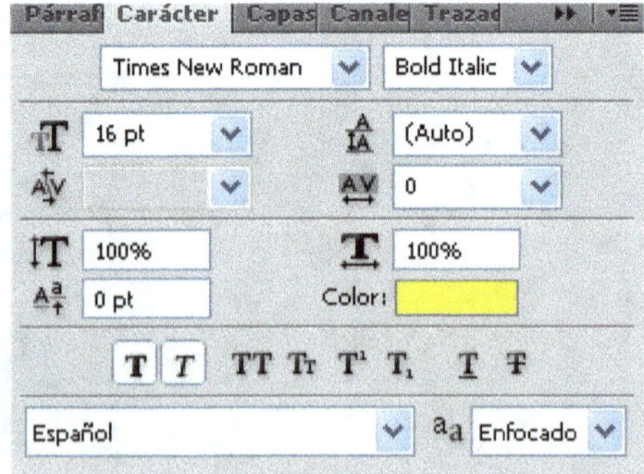

Submenú Color:

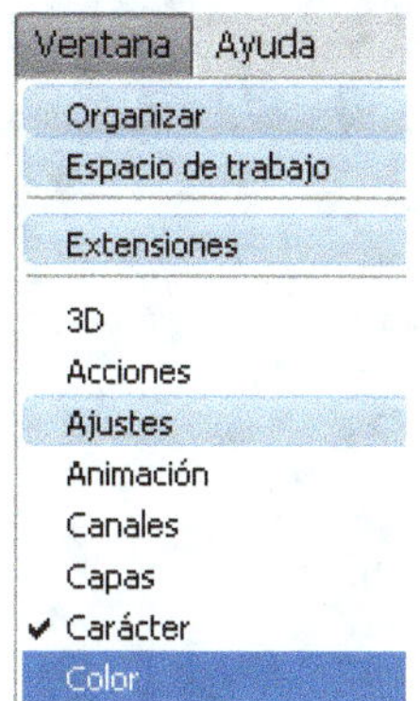

Este menú, tampoco tiene complejidad, simplemente es para dar color:

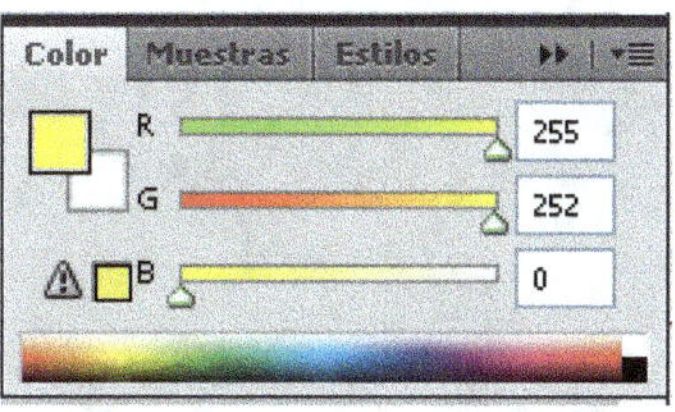

Submenú Composiciones de capas:

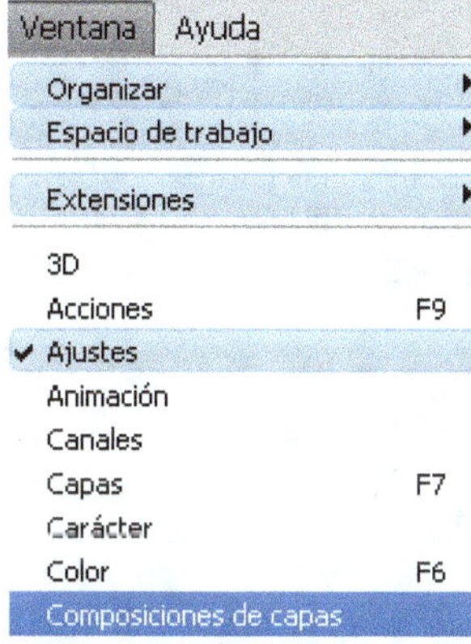

Modo de ver instantáneas del documento pero de otras capas…
Se configuran con (Deberemos tener varias capas):

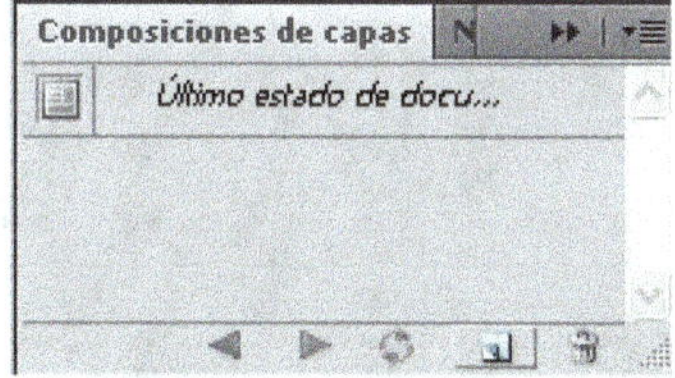

Y ahora al ir creando composición de capas, iríamos dando a los ojos en las capas, similar a cuando creamos GIFS, con la ventana de animación.

Submenú Estilos:

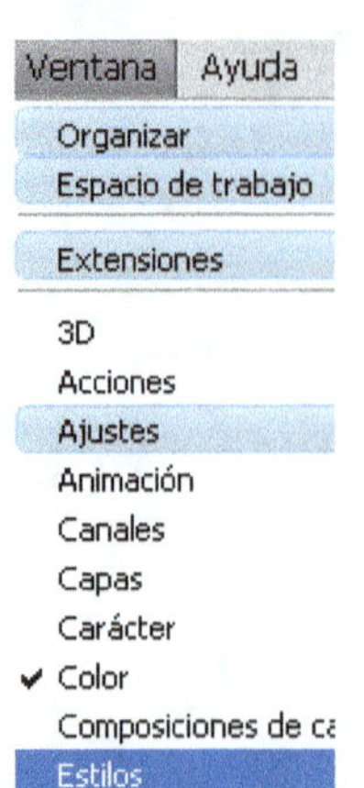

Similar al de color, solo que con estilos.

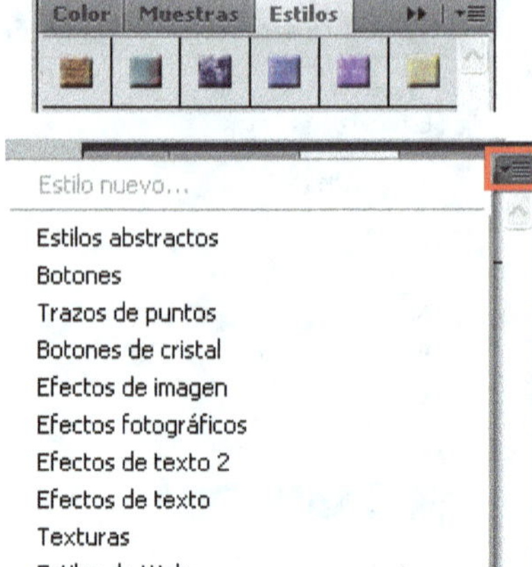

Podremos importar distintos estilos:

Submenú herramientas preestablecidas:

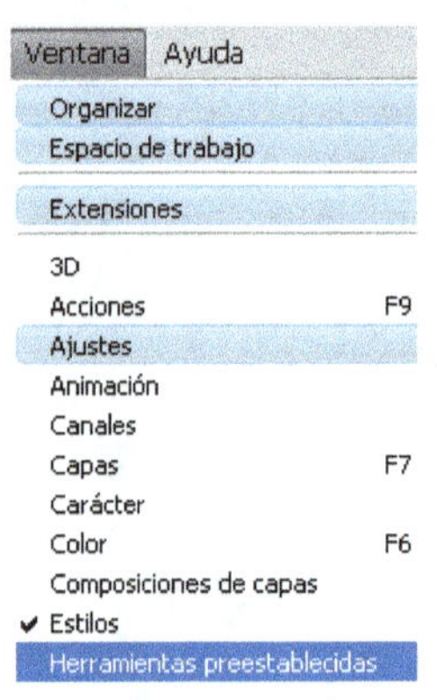

Herramientas con opciones configuradas y listas para usar, puedes crear nuevas herramientas o borrarlas.

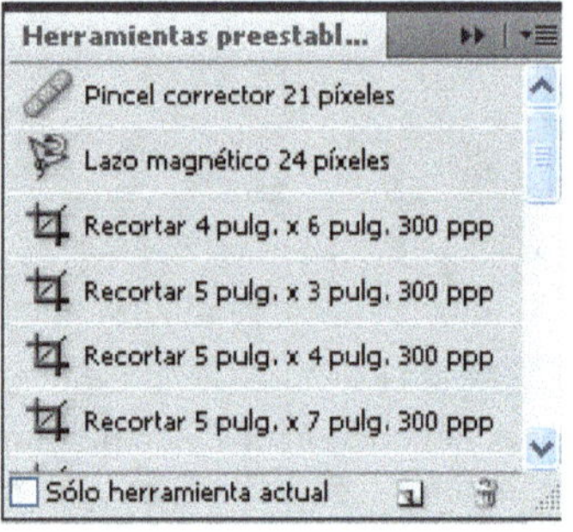

Para crear una nueva herramienta:

Seleccionamos una herramienta con unas propiedades apropiadas:

Propiedades:

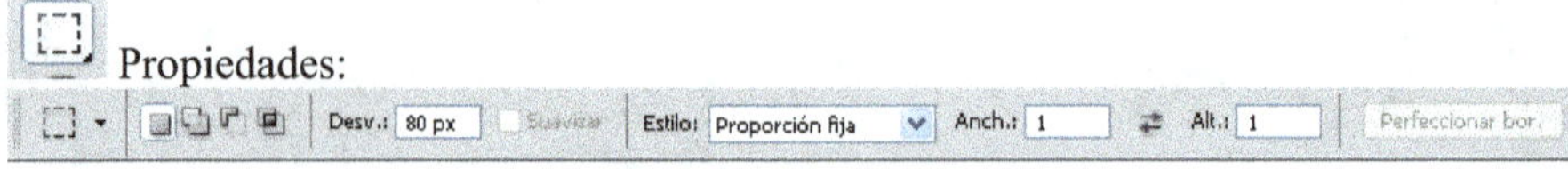

Ahora daremos a crear nueva herramienta:

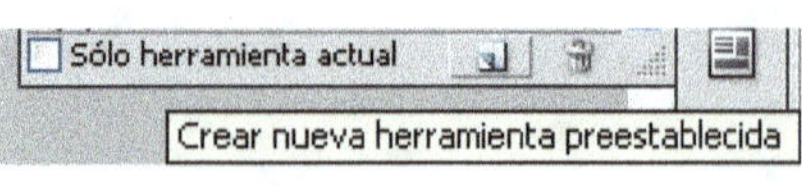

Elegimos un nombre:

Y ya la tendríamos creada:

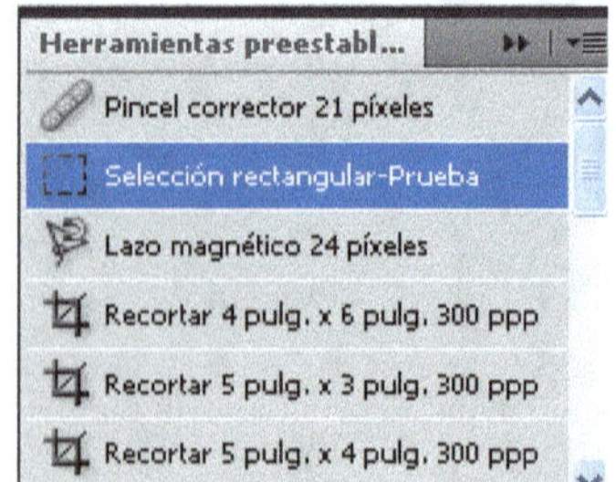

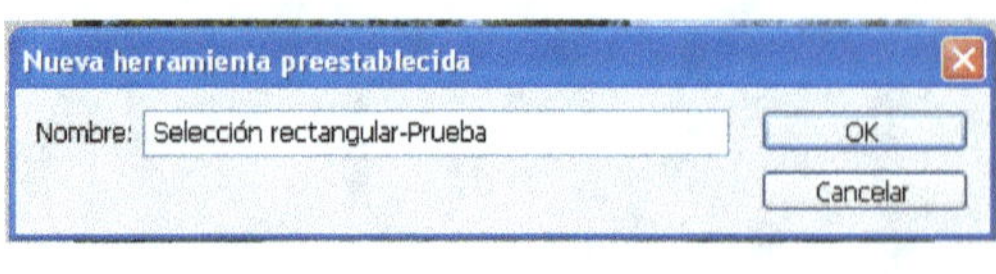

Submenú Histograma:

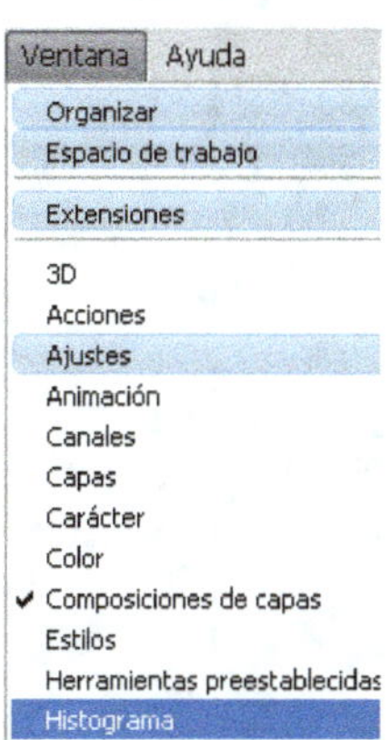

Ver cómo está la imagen de modo fotógrafo, con colores y curvas.

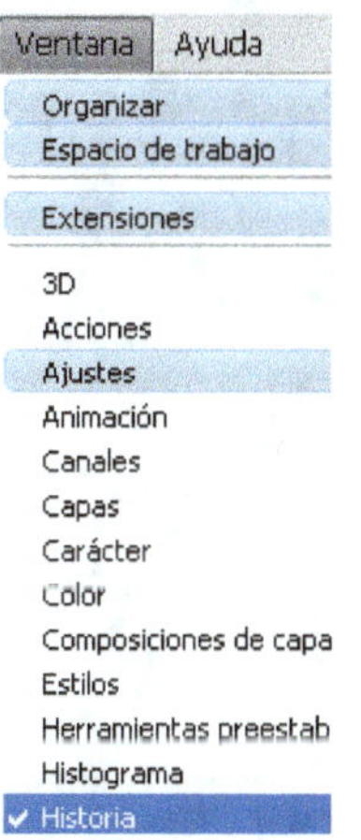

Mostrar que se ha ido haciendo durante el tratado del archivo.

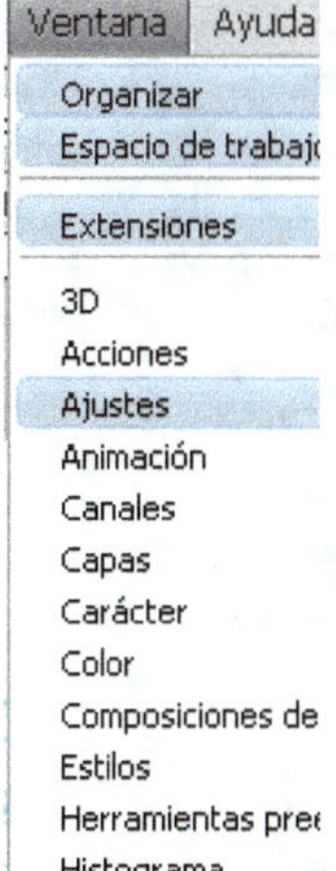

Muestra la información detallada de cada punto que elijamos con el cuentagotas

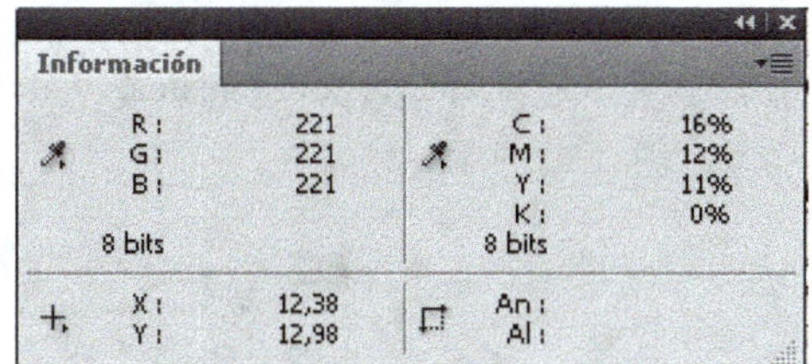

Opciones de máscaras, para crear transiciones y demás. Sola sirve para máscaras (deberemos tener una máscara creada para que la ventana esté activa).

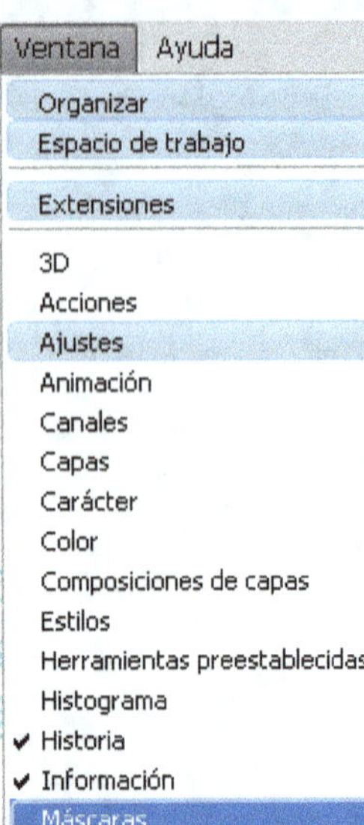

Submenú Muestras:

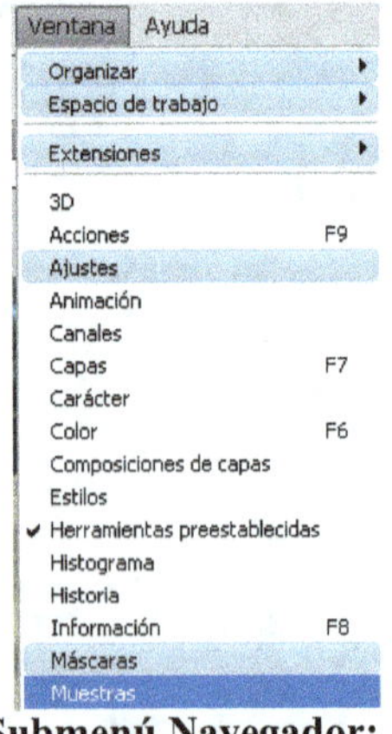

Sirve para seleccionar colores de una lista:

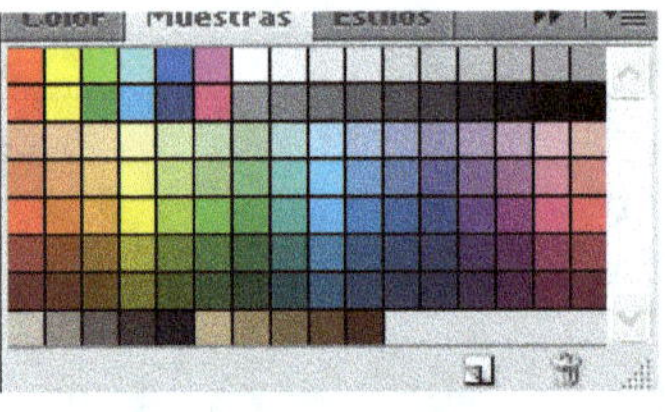

Podremos crear nuevas muestra sen función del color frontal.

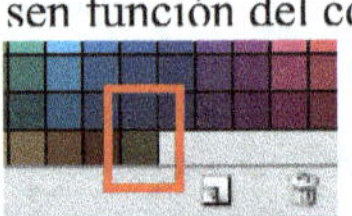

Submenú Navegador:

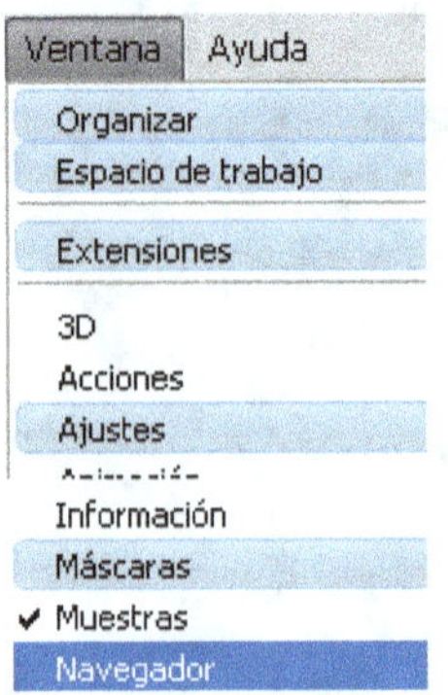

Sirve para manejarte por la imagen, ampliar el zoom, ver la imagen en tamaño completo más pequeña para orientarte por la misma.

Submenú Notas:

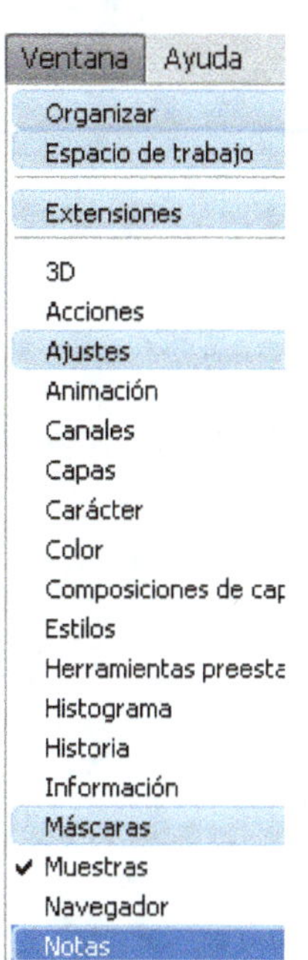

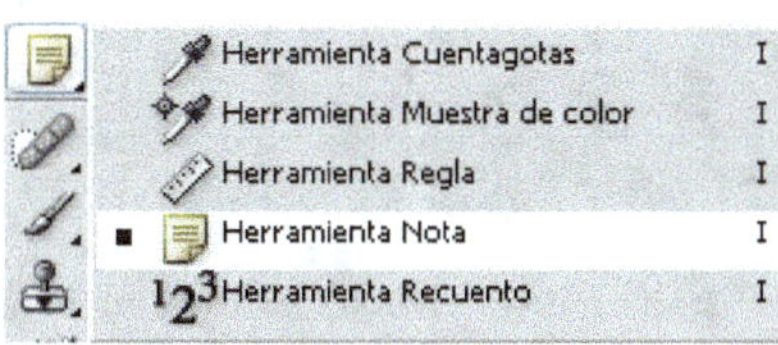

Sirve para poner notas, también podremos ponerlas con la opción de grabar (en CS4 no lo he encontrado, en el CS3 y anteriores está marcado con un símbolo de un altavoz en la zona de herramientas).

Submenú Origen de Clonación:

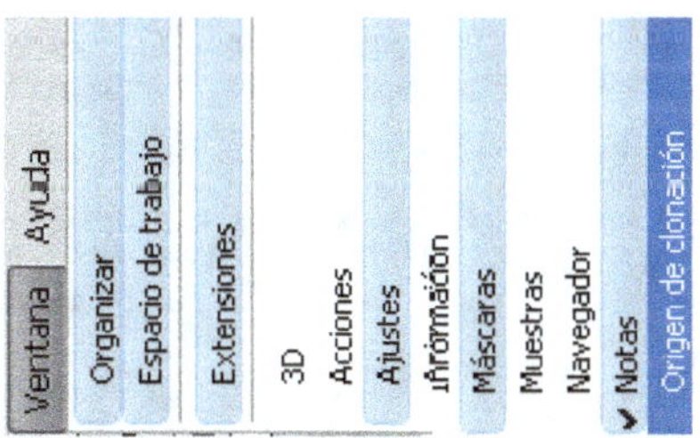

Además, tienes las opciones de la barra que sale en la parte superior (o donde lo tengas configurado, con las opciones básicas del clonado actualmente seleccionado):

Y salen otras opciones, que podremos ir eligiendo:

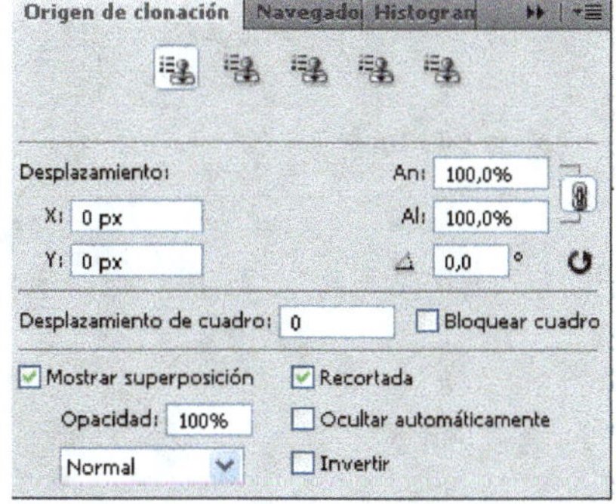

En el CS4, te mostrará lo que vas clonando…
La herramienta del tampón de clonar tiene opciones, pues entre estas están las del desplazamiento y demás.

Nos permite clonar desde 5 puntos distintos, para ello:
Seleccionaremos una opción de clonado:

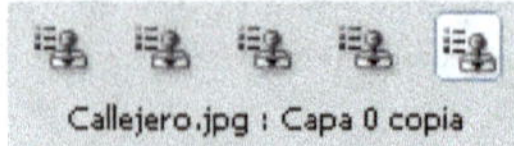

Con el ALT, pincharemos el sitio donde clonar, y podremos configurarle las opciones que queramos.

Ahora podremos elegir otro punto de clonación con otras características:

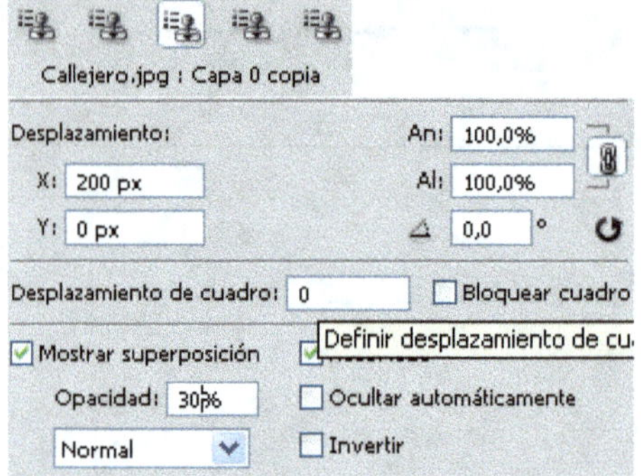

Podremos elegir miles de formas y posiciones…

Submenú Pinceles:

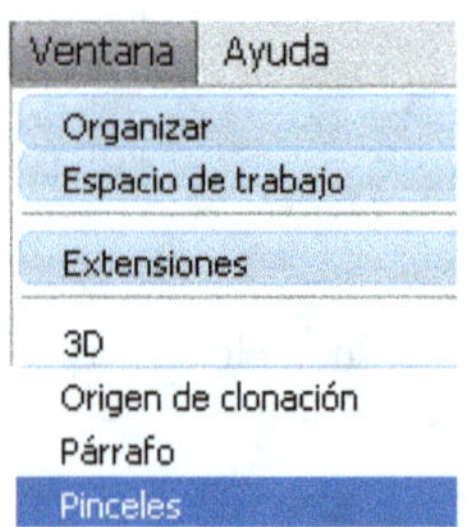

Los pinceles tienen una opción básica:

Además, tienes las opciones configurables de los tamaños de pincel.

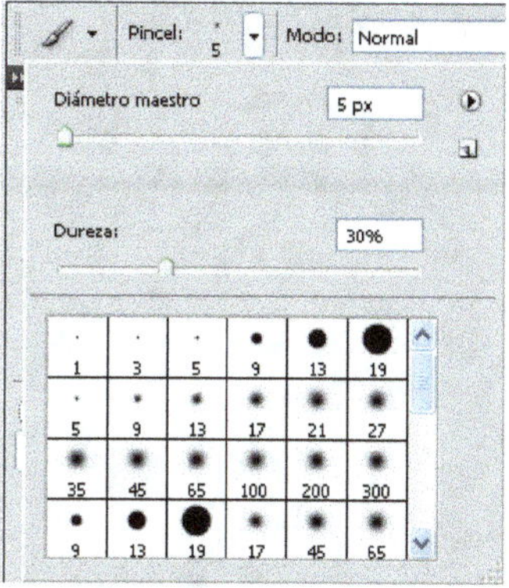

Ahora, podremos elegir muchos tipos…

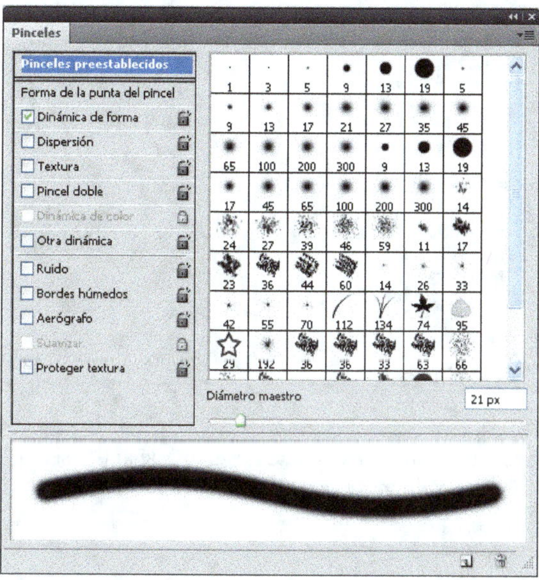

Con cada pincel tendremos unas opciones, pero las generales y de forma general las vemos aquí:

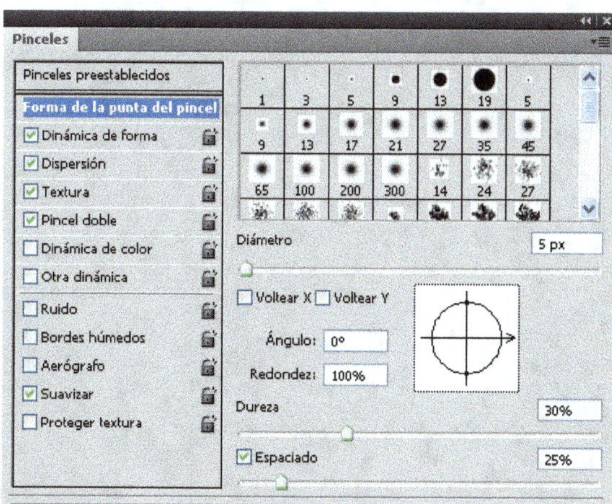

El espaciado significa que se notarán los puntos que hay entre cada punto:

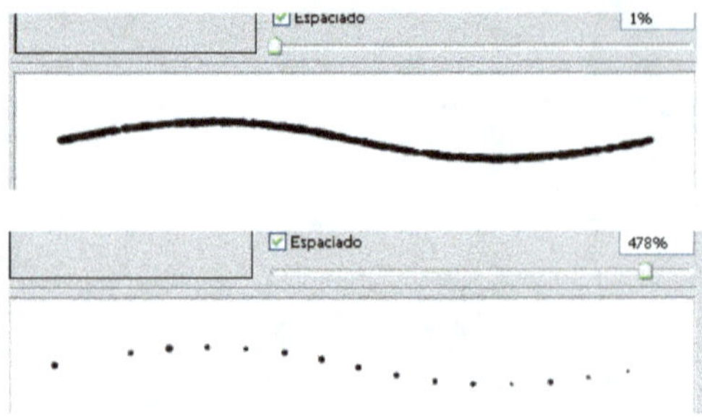

Y así podríamos estar con cada opción…

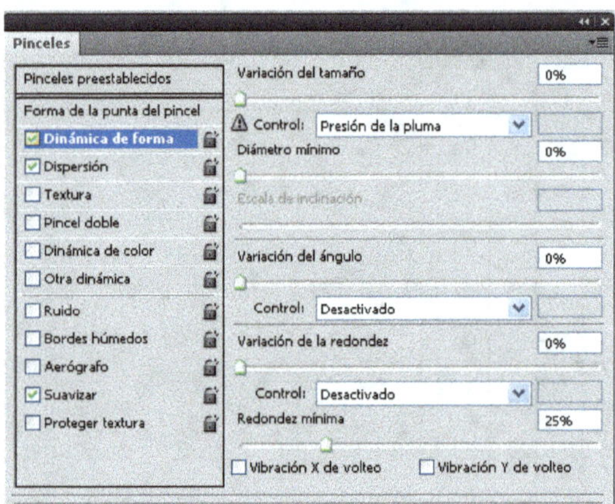

Variación del tamaño: muestra la anchura del pincel, si queremos que esté al 0% será lo máximo posible de ancho, si está al 100% será lo más fino:

El resto de opciones no son muy útiles, sin embargo puedes ir probándolas.

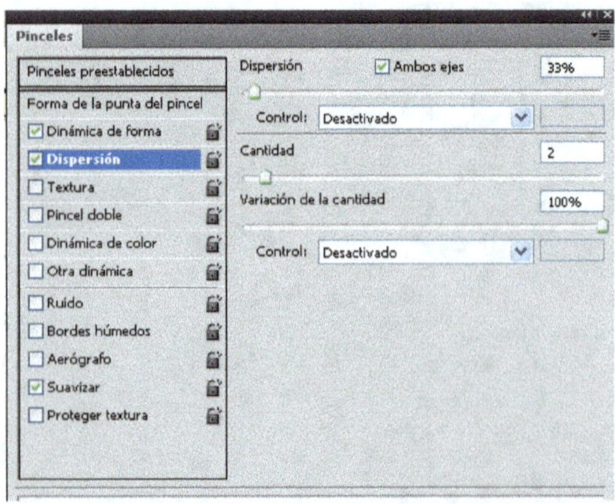

Dispersión: La distancia que tendrán los puntos de una misma linea:

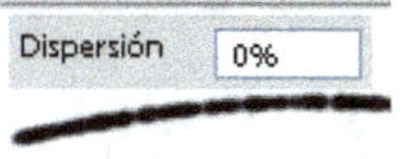

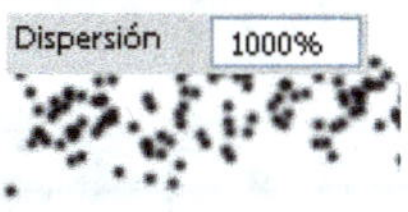

Cantidad: Cantidad de puntos, cuando mayor sea la dispersión, menos se notará la cantidad.

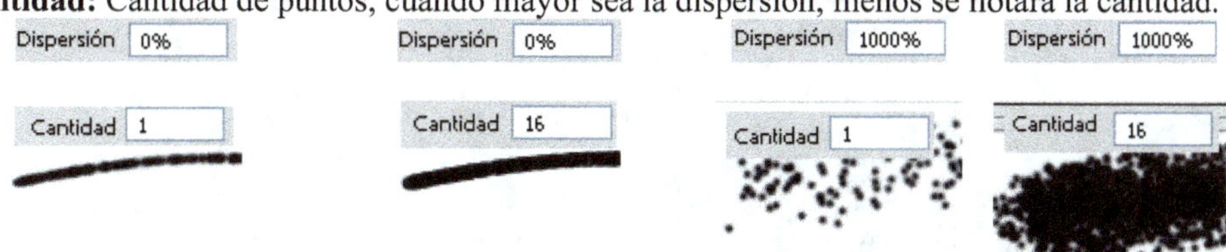

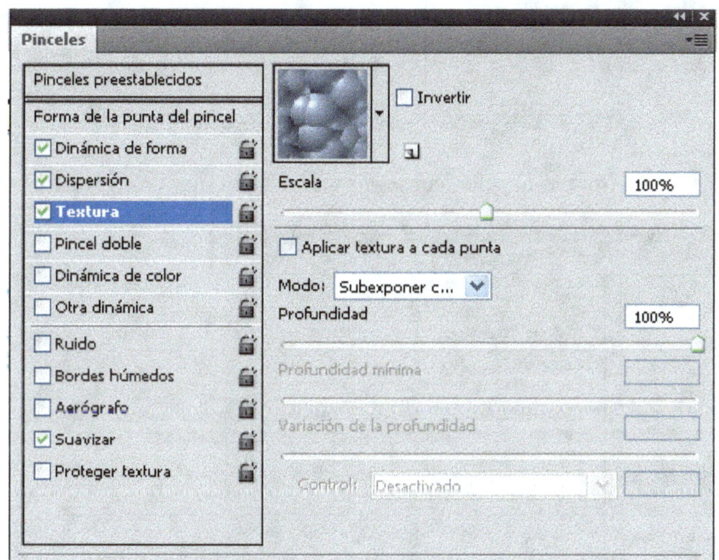

Esto no tiene mayor complicación conseguir que el pincel pinte texturas.
En función de la escala, el modo etc, conseguiremos que el pincel pinte con mayor rango o con mayor exactitud cada textura.

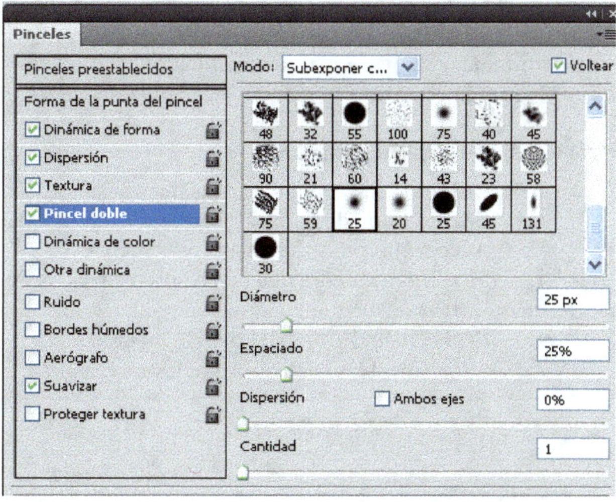

Francisco Javier Fernández Martín.

Mostraremos otros tipos de formas, para conseguir pintar con el pincel (A esto no le he visto utilidad)

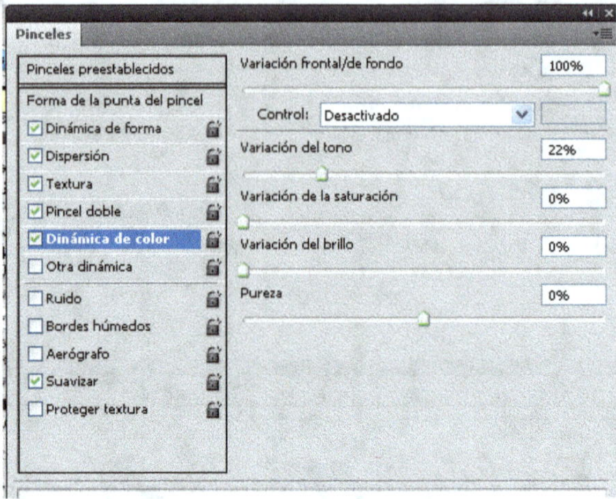

Esto sirve para darle formas al color, conseguir mezclas de color y varias formas de colores.

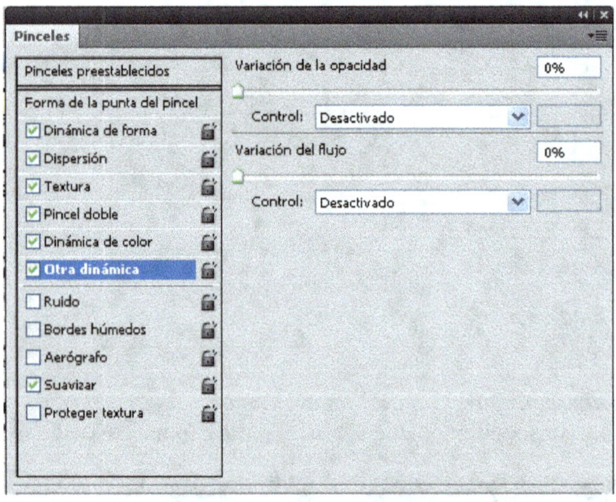

Variación de opacidad: Pintar con más o menos visibilidad.
Variación de flujo: Muestra la cantidad de "pintura" que aplicaríamos al pintar.

Aquí hay más opciones que no son configurables:

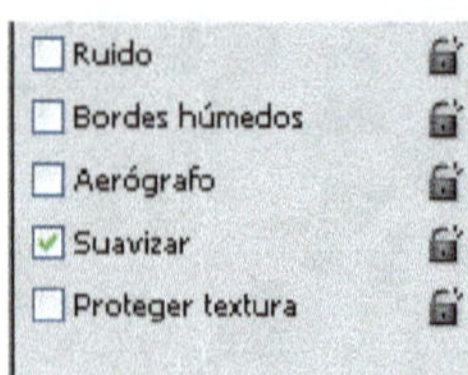

Ruido: Muestra puntos en las líneas.
Bordes húmedos: muestra un rastro de humedad.
Aerógrafo: pinta más suave que un pincel.
Suavizar: Muestra una transición entre el fondo y la línea.
Proteger textura: evitar el degradado.
Simplemente, se activan ☑ o desactivan ☐.

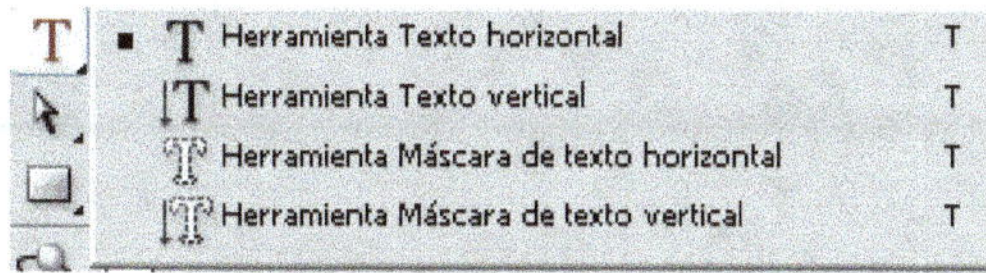

Podemos escribir texto de muchas formas, entre ellas horizontal y vertical:

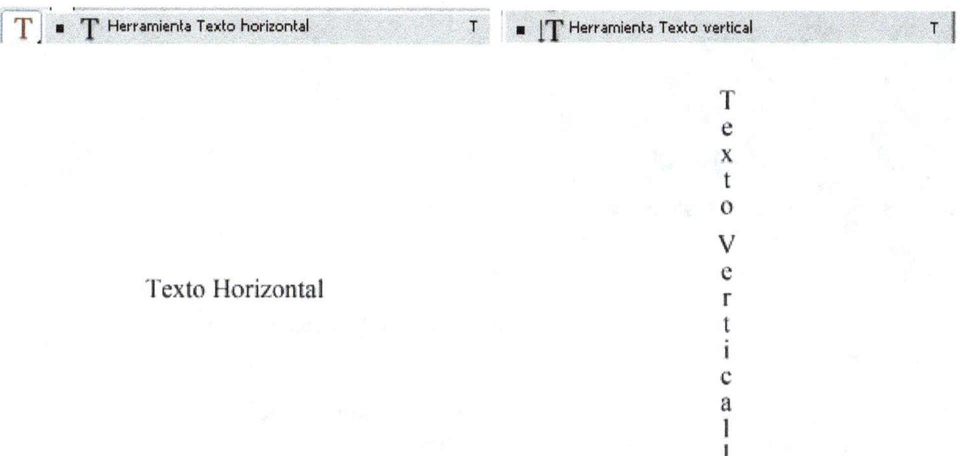

Texto Horizontal

Además, tenemos opciones de máscaras de texto (esto ya está visto en el apartado de capas y máscaras):

La máscara de texto horizontal-vertical:
All hacer clic, aparece como máscara de capa rápida, la creamos y desaparecerá, ahi podremos editarla, pero una vez que soltemos, será una selección: podríamos pintarlo, (creando nueva capa):
Por ejemplo con un degradado:

Podríamos coger una parte de una foto, con la forma de letras y esa "textura". Selección / transformación libre.

Si quieres invertir la selección, para eliminar el dibujo y dejar dibujo con forma de texto: selección / invertir / suprimir.

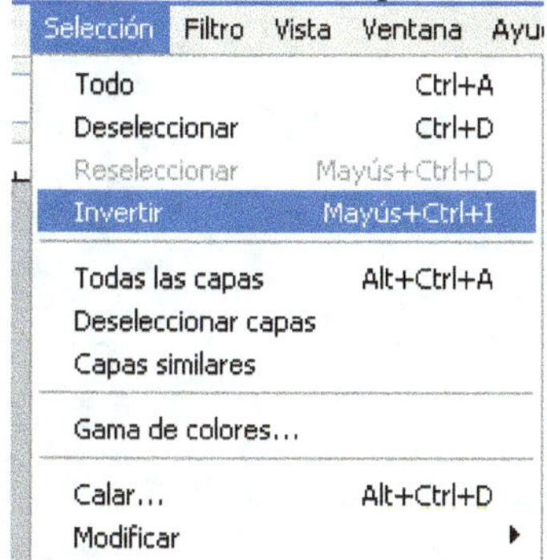

Y si lo que quieres es que de deje el dibujo entero, pero con una forma de texto borrada, simplemente suprimir.

Esto es una herramienta de selección, no es una herramienta de texto, aunque tenga la forma de éste.

También podemos conseguir otras formas de escribir, por ejemplo, si queremos que tenga curvatura y demás tenemos varias opciones, una de ellas sería:

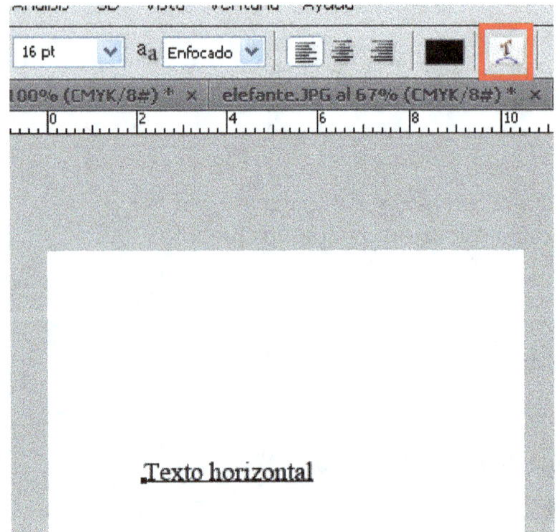

Aquí seleccionaremos la forma deseada:

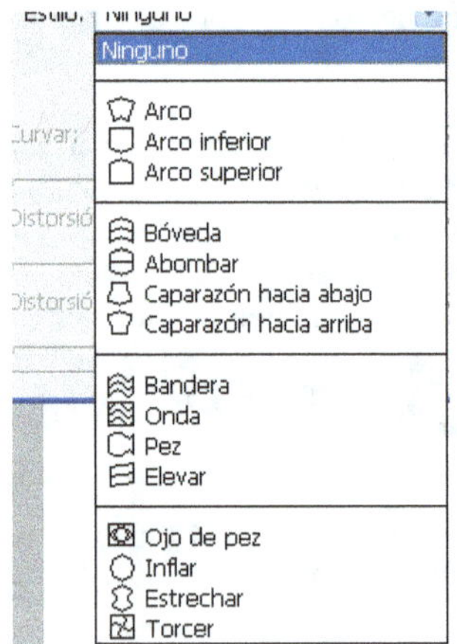

También tenemos otra forma de escribir más libre:

Con la pluma , realizaremos un trazado:

Una vez realizado el trazado, seleccionaremos el texto horizontal y posicionaremos el cursor encima del trazado, y podremos escribir, obteniendo como resultado:

Francisco Javier Fernández Martín.

23.- Otras herramientas.

Selección con selección rápida y varita mágica.

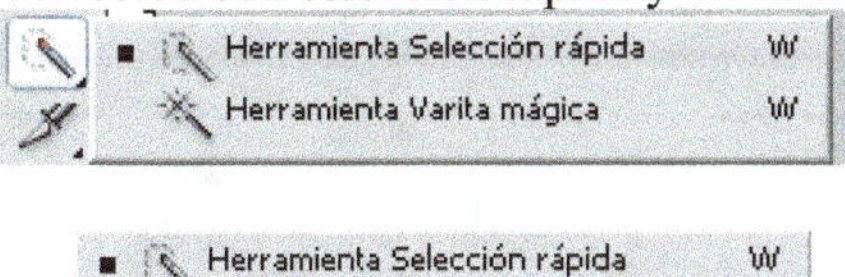

Solo hay que ir arrastrando por la zona que queramos que coja, cambiaremos la tolerancia para seleccionar más o menos:

Con un simple clic, irá seleccionando las zonas que se asemejen en color:

23.1.- Herramienta Sectores.

Se utilizan para partir una imagen, lo que hace es dividir una imagen en tantos trozos como queramos (trabajaremos en rectángulos):

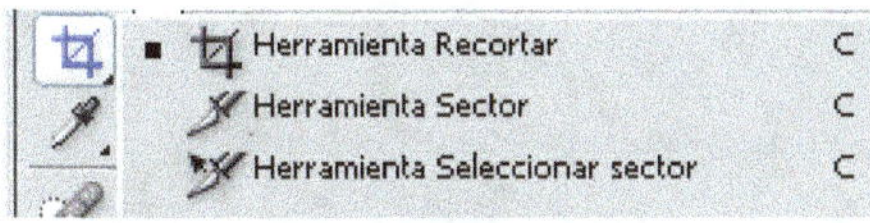

Herramienta Recortar:

Simplemente, recortará dejando la zona de la imagen que queramos:
De una imagen así:

Quedaría así, una vez recortada:

Herramienta Sector:

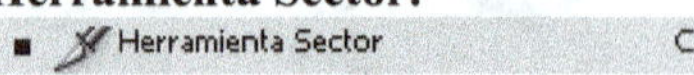

Esta herramienta es muy útil para hacer múltiples vínculos en una misma imagen, por ejemplo, como si fuéramos a realizar algún tipo de plano informativo sobre las regiones españoles.

Pincharemos y arrastraremos para hacer sectores:

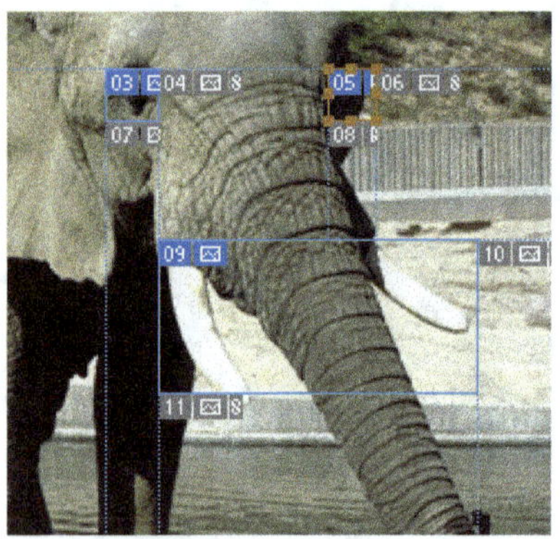

Con doble clic en la selección (hay que ir de uno en una) entraremos en las opciones:

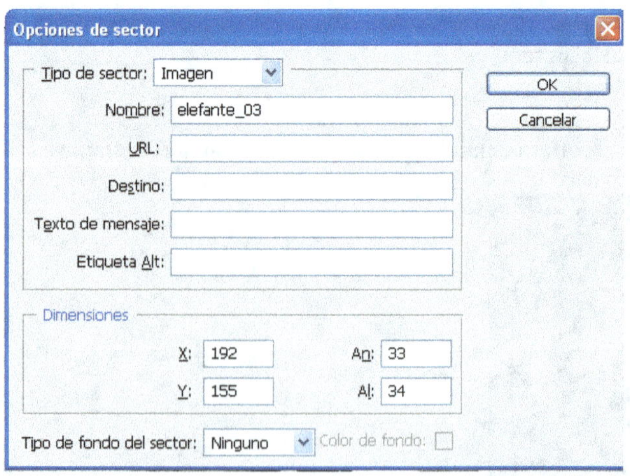

La opción de URL:
Significa que esa parte de la imagen, irá a una web: http://www.google.com

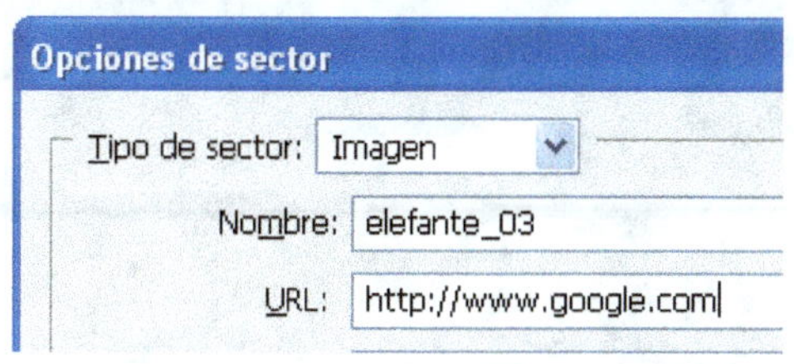

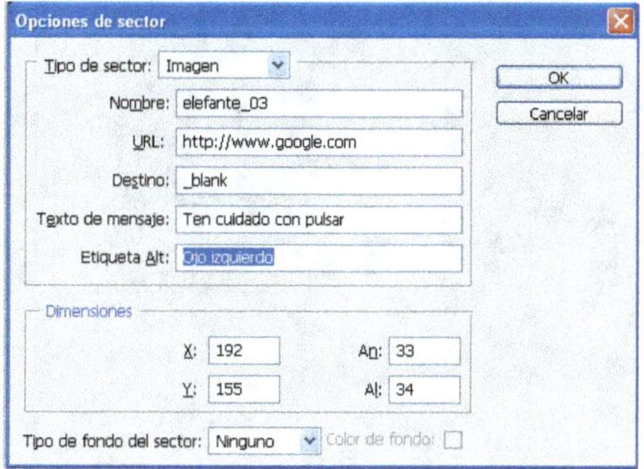

En la opción de destino pondremos una opción entre estas:

Tipo de destino	Acción
_top	Zona de arriba de un marco.
_self	En la misma zona del marco
_parent	Otra zona del marco
_blank	**Nueva ventana**

Para que esto funcione, hay que guardarlo como html.

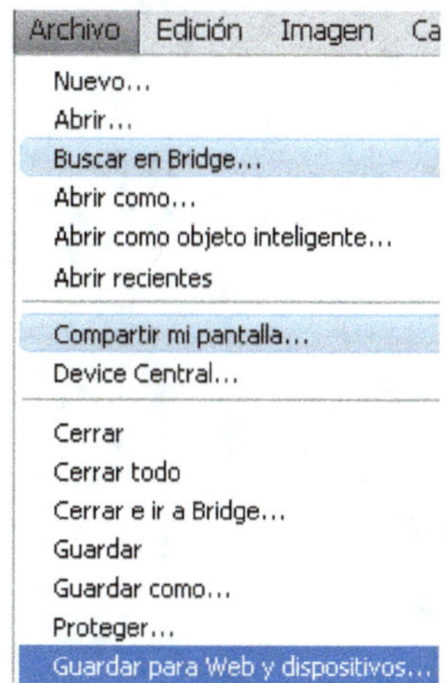

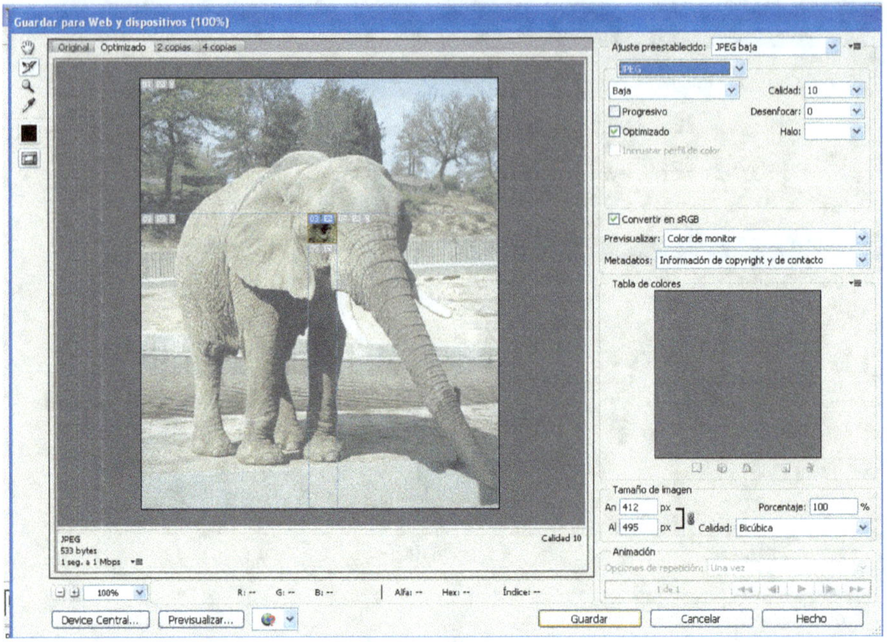

Daríamos a `Guardar` y a continuación HTML e imágenes.

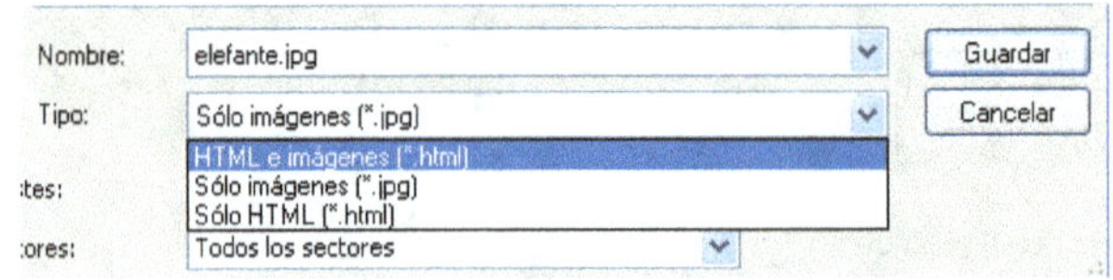

Al poner el ratón encima del ojo, aparecerá algo así: (al haber puesto destino _blank, al hacer clic en el ojo abrirá una página nueva con http://www.google.com)

Para eliminar sectores, presionaremos control + clic o la herramienta selección de sectores y después supr.

También podremos elegir si ver o no los sectores:

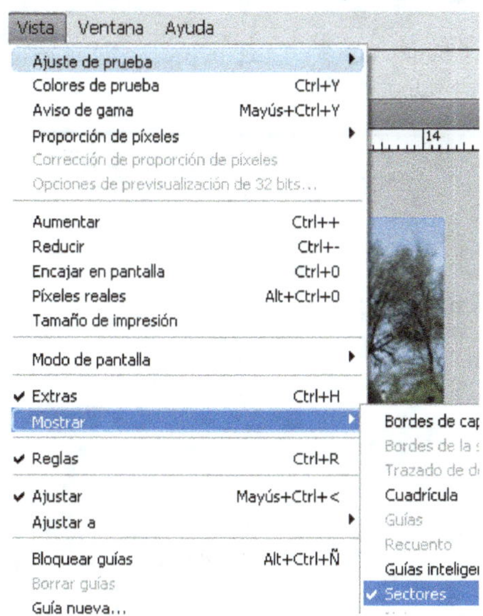

23.2.- Cuentagotas, regla, nota y recuento.

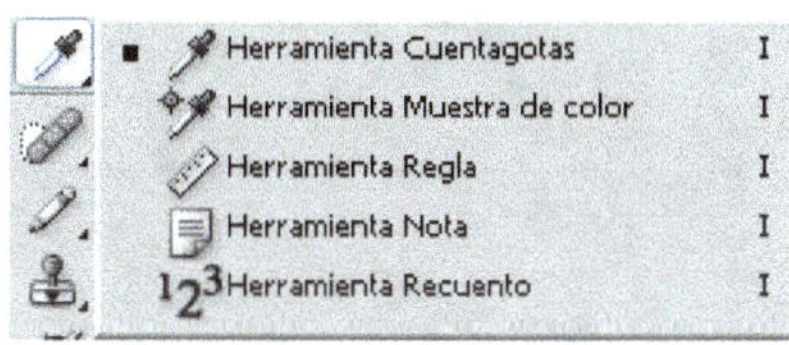

Herramienta cuentagotas: Sirve para seleccionar colores de una imagen.
Herramienta muestra de color: parecido al cuentagotas.
La herramienta regla sirve para medir.
La herramienta nota: sirve para dejar anotaciones, esto ya lo hemos visto.
Herramienta recuento: simplemente pone números a lo largo del documento.

23.3.- Herramienta de parches.

Primero se usa el tampón, y después se emplea el parche:

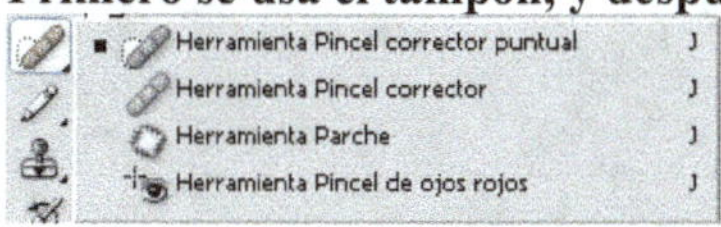

En todos ellos partiremos de esta imagen:

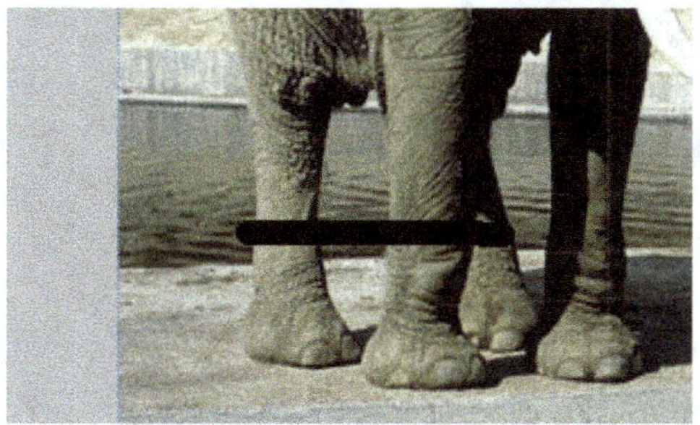

Pincel corrector puntual:

Este directamente se pasa por medio de los arañados y demás, hace un promedio de color entre un lado y otro sin tener que elegir sitio de origen.

Iremos seleccionando con el pincel corrector puntual por encima de la líinea negra:

Si lo hacemos bien, sin torcernos y demás, obtendríamos algo así:

Esta herramienta no es muy útil porqué no sabemos muy bien como va a quedar.

Pincel corrector:

Hace lo mismo que el tampón de clonar, pero mezcla los colores de origen y destino.

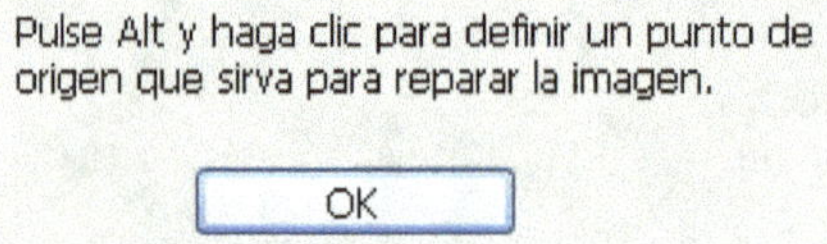

Una vez tengamos el punto definido…

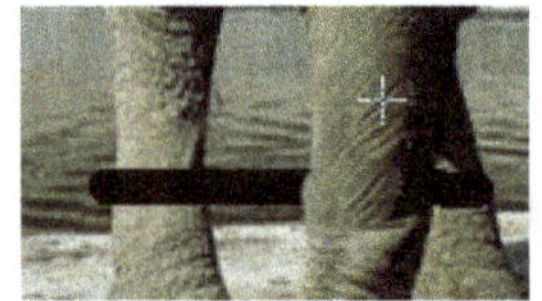

Es similar al tampón de clonar, pero mezcla el origen con el destino, obteniendo colores más suaves y obteniendo mejor resultado.

El parche de origen:

Seleccionamos un área, pinchamos y arrastramos y modifica lo que hemos seleccionado por principio.

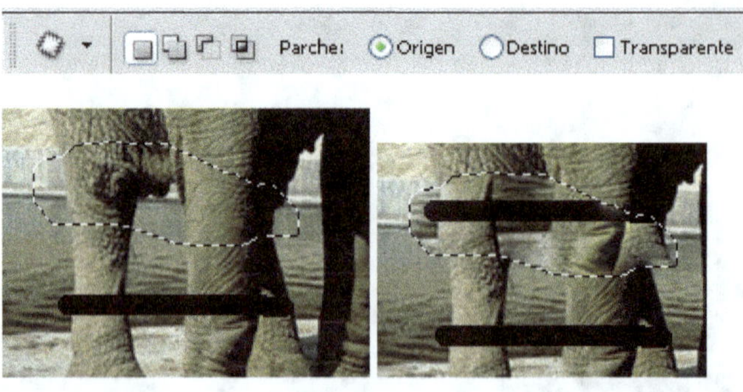

Solo modifica lo seleccionado.

El parche de destino:
De donde hemos cogido, al soltar hará una mezcla, de lo cogido con lo que hay, y transformará en el sitio donde soltaremos y no donde empezamos (este es el más usado).

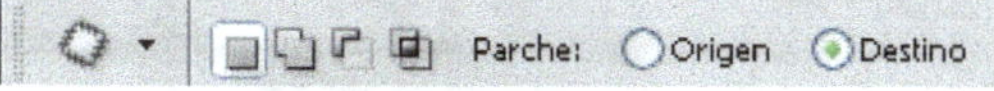

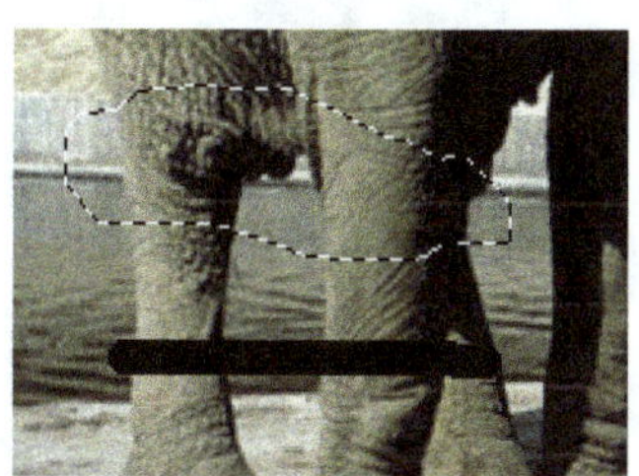

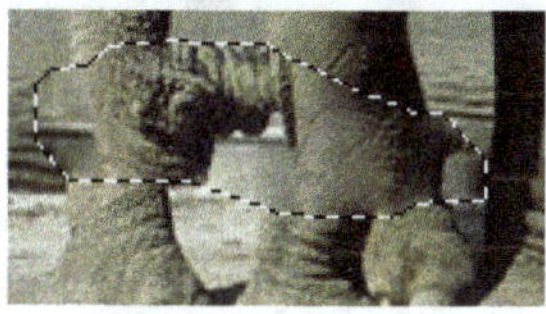

Pincel de ojos rojos:
Sirve para retocar los ojos rojos de las fotografías.
Es tan simple como hacer clic encima de los ojos rojos.

23.4.- Herramienta de pincel, lápiz y sustitución de color.

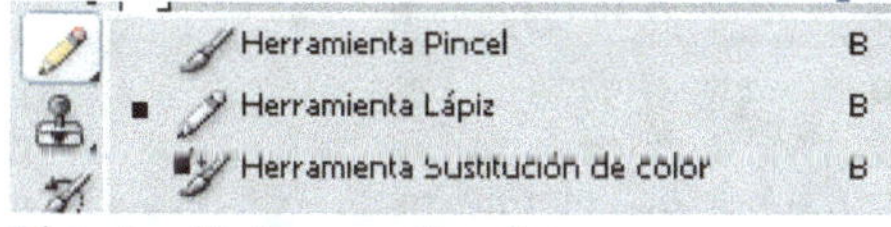

Pincel y lápiz ya están vistos.

Sustitución de color:
Usa el color frontal, en distintos modos:

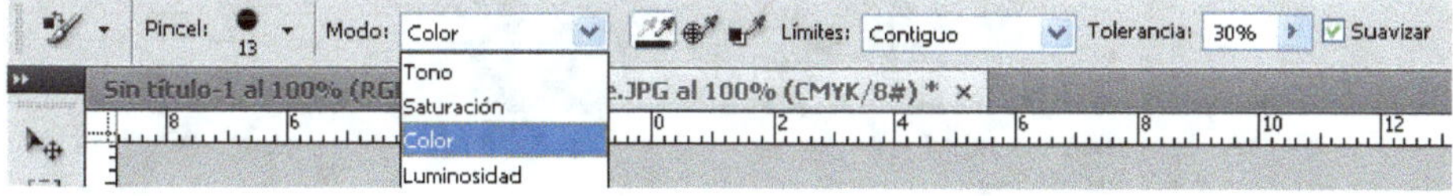

Ahí están las opciones, tampoco se utiliza mucho.

23.5.- Herramientas de historia.

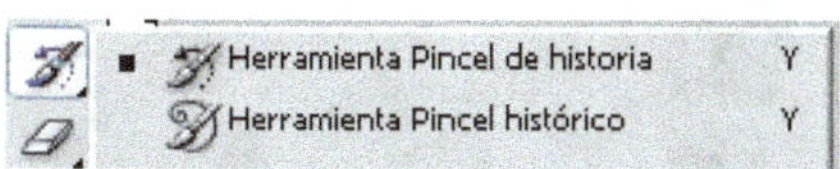

Pincel de historia: (esto funciona siempre y cuando no guardemos el archivo):
Con el control + z daremos un paso atrás, con el pincel arregla la imagen o la modifica llevándola al estado original. Es como hacer un control + alt + Z, llevándolo al original, o es similar a la ventana historia:

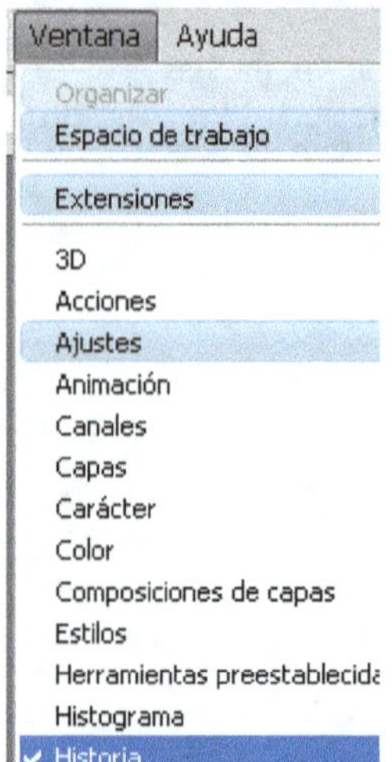

En esta ventana, elegiremos a qué paso previo ir, si no hemos guardado el documento:

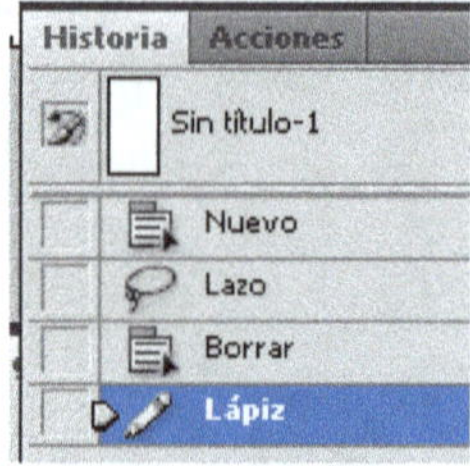

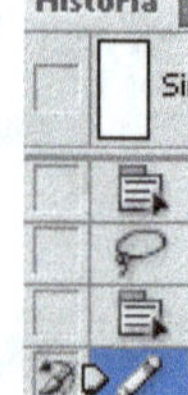

Es tan simple, como ir activando el paso previo que queramos:

Pincel histórico: un uso raro.

Utiliza los colores de la propia imagen, y va pintando en función del Estilo (corto apretado según la foto).

23.6.- Herramientas de borrado.

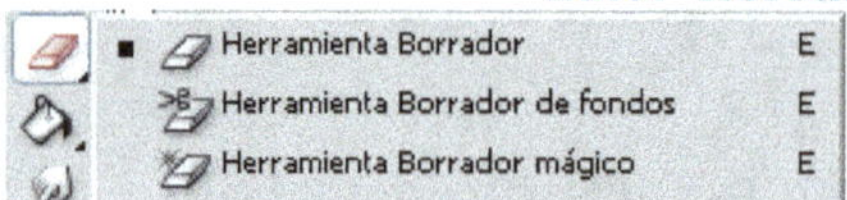

El borrador: borra en función del color de fondo que tengamos:

Supongamos que en nuestro documento tenemos un fondo de color negro:

Color de fondo	Resultado:
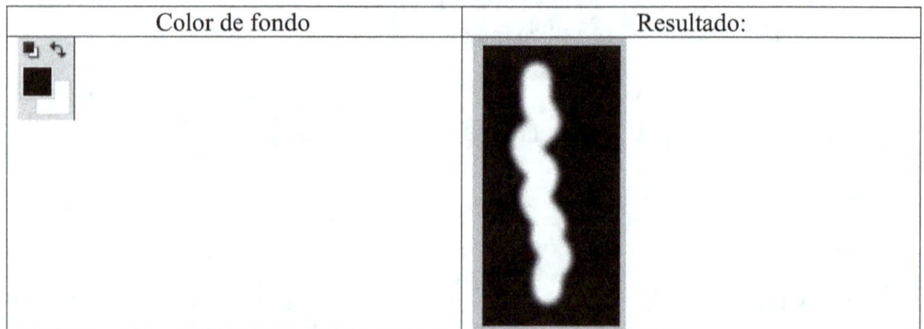	

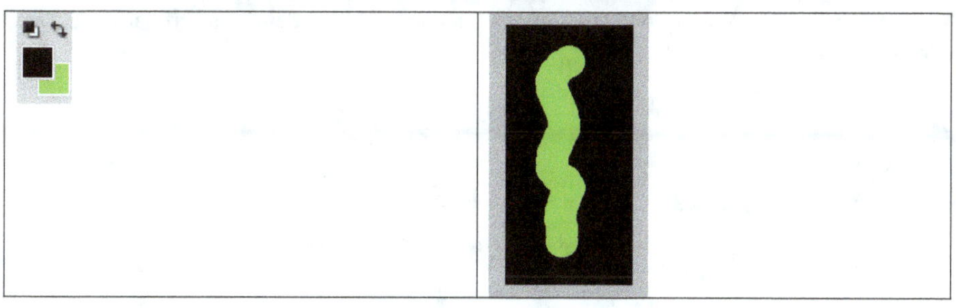

Esto ocurrirá solamente en caso de que tengamos una sola capa, si tuviéramos más capas, conseguiríamos ver las capas de abajo y no "pintaríamos" con el color de fondo.

Fondo: borra lo que seleccionemos con el primer clic, y lo deja como transparencia, manejando la tolerancia borrará más o menos fondo de imagen. (Ffunciona con ALT)

El mágico: borra como si fuera la varita mágica, pero borrando.

24.- Menú vista.

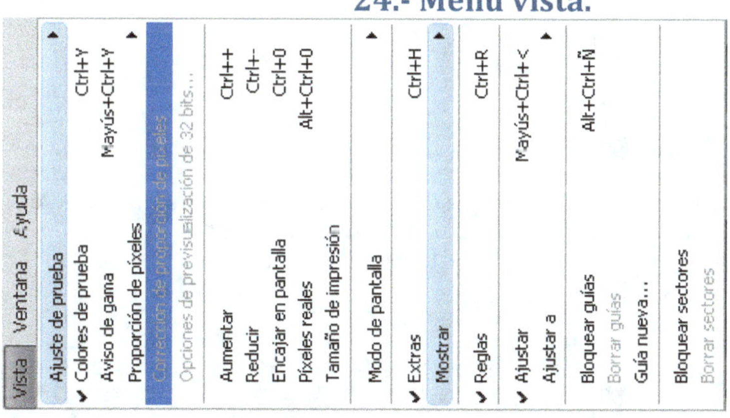

Ajuste de prueba:

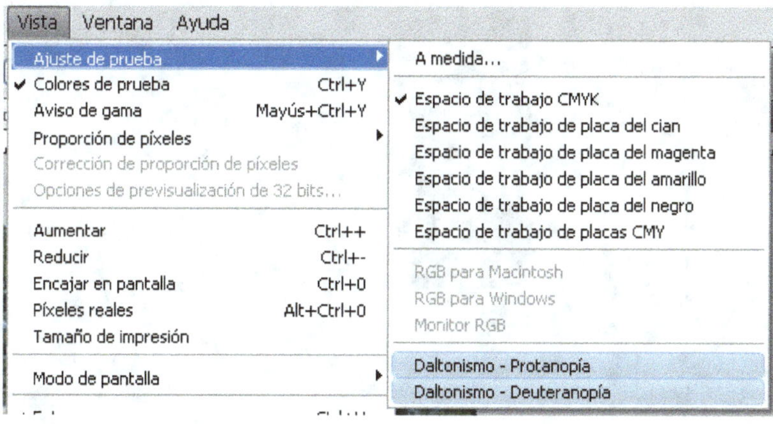

Estas opciones sirven para que los daltónicos puedan verlo, y además modificar los espacios de los coloridos.

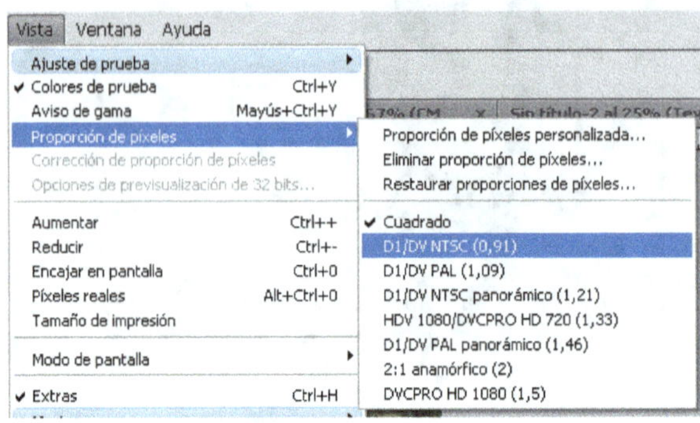

Esto no afecta a la imagen, solamente afecta a la visualización de la imagen en el monitor, esto quiere decir, que por la impresora no notaremos cambios.

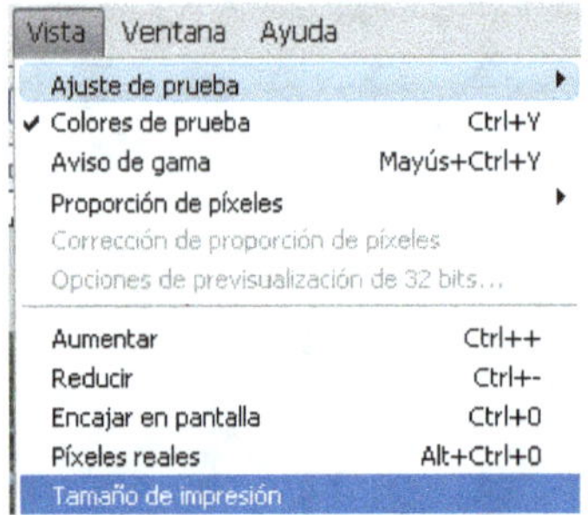

Las opciones de **aumentar, reducir, encajar en pantalla, píxeles reales y tamaño de impresión,** sirven para visualizar el documento de unas formas u otras.
Supongamos esta imagen de origen (al 100% de visualización):

Observemos ahora como cambia en función de la opción que elijamos:

Aumentar:

Reducir:

Píxeles reales:

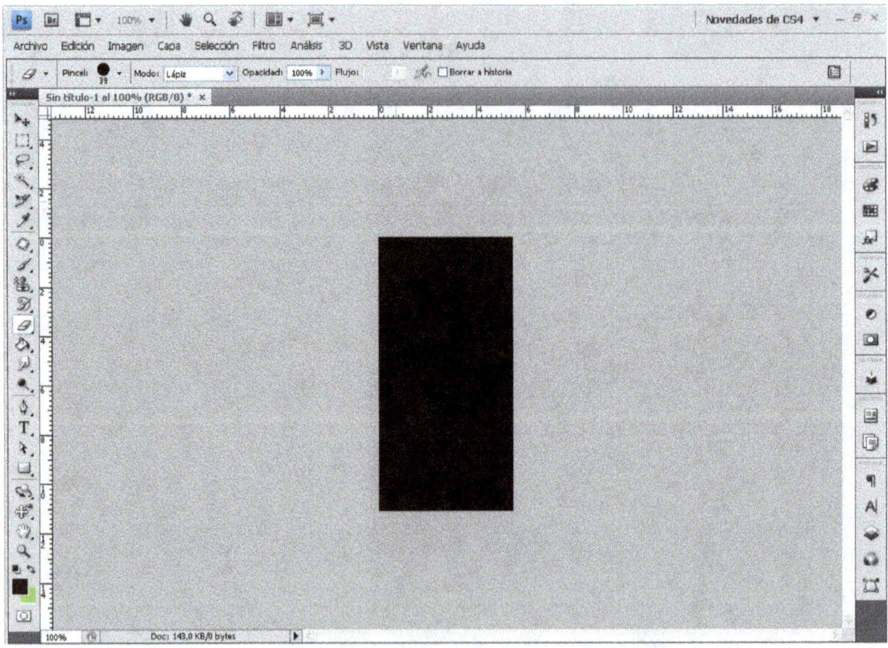

*** Se queda igual que la imagen al 100%.**

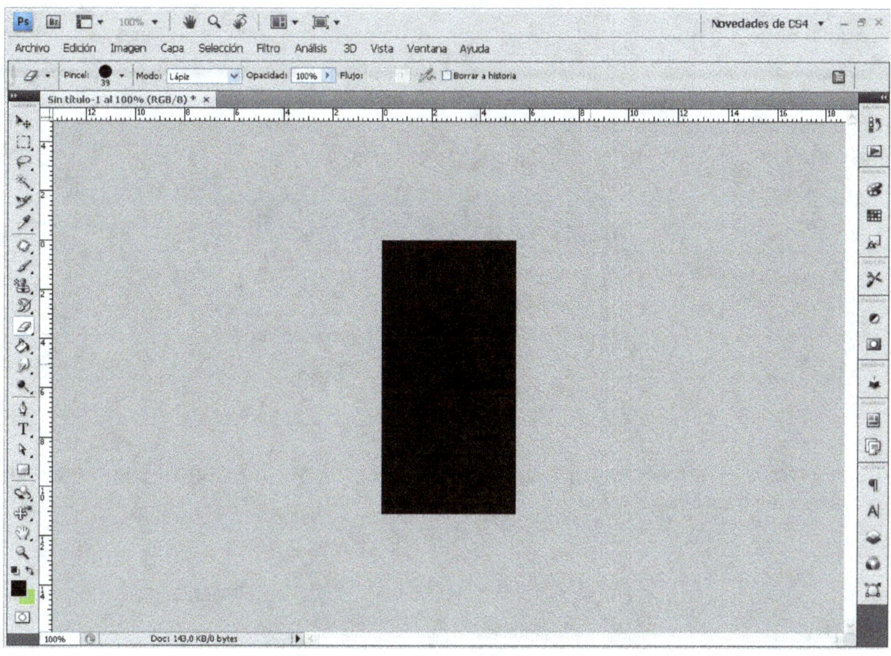

Atajos de teclado normalmente usados:

Aumentar	Reducir	Encajar	Píxeles reales	Tamaño de impresión
Control ++	Control +-	Control +0	Alt + Control + 0	No asignados.

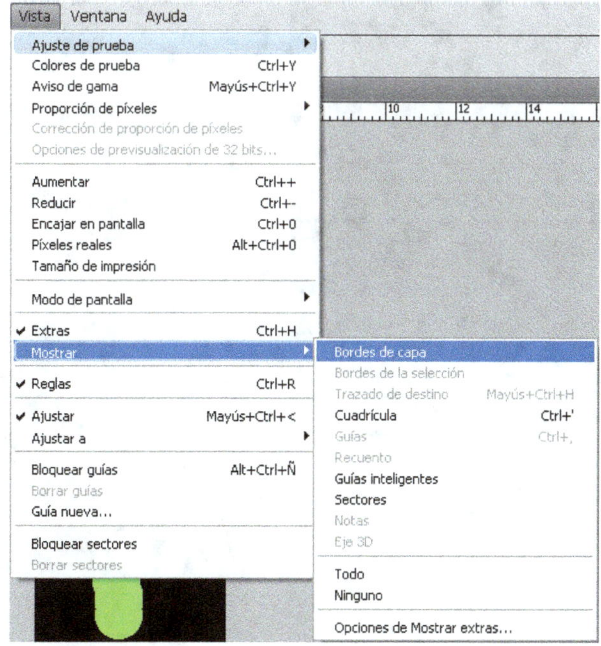

Bordes de capa: Muestra el final de cada capa, facilitando así su situación.

Cuadrícula: Divide el documento en secciones cuadradas, similar a llenarlo todo de guías.

Guías inteligentes: guías con imán, para que al acercar cualquier capa, ésta quede ajustada a la guía.

Sectores: Muestra la división en sectores (si es que la hay) del documento.

Opciones de mostrar extras: Muestra una lista con las posibles opciones de muestreo.

Bloquear guías: Impide que una guía sea movida, esto viene bien cuando no queremos que por accidente una guía se mueva.

Guía nueva: Creamos una guía a partir de unas opciones:

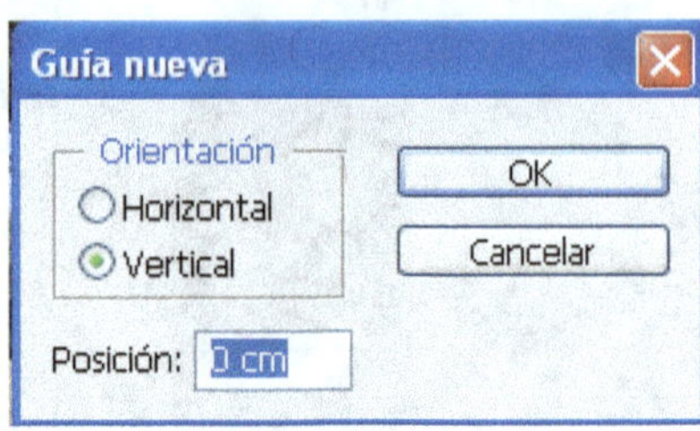

Marcaremos qué tipo de guía queremos sacar, si es vertical u horizontal, y la posición en la que queremos ponerla.

25.- Propiedades del programa.

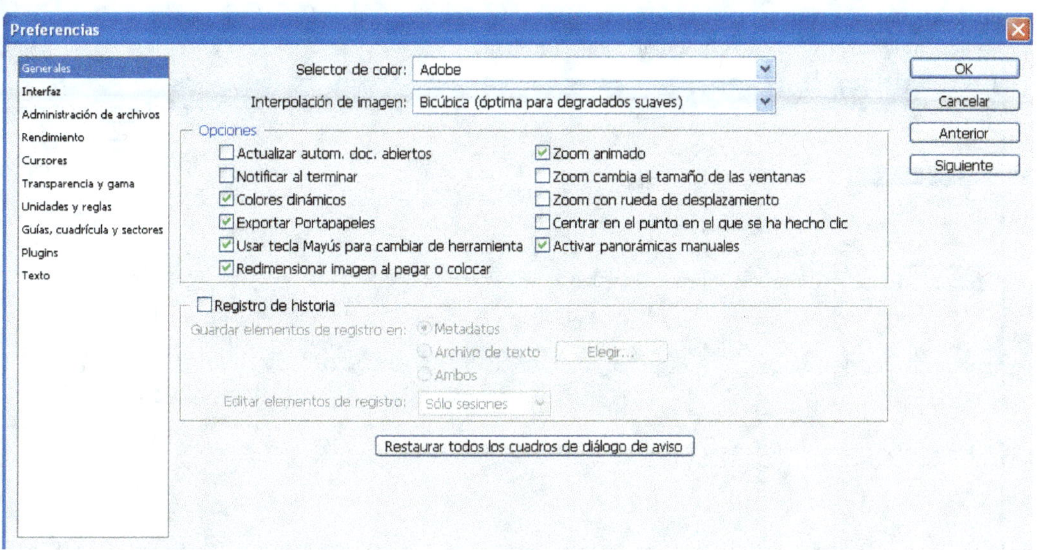

De aquí es interesante marcar las siguientes opciones:

☐ Actualizar autom. doc. abiertos

☐ Notificar al terminar

☑ Colores dinámicos

☑ Exportar Portapapeles

☑ Usar tecla Mayús para cambiar de herramienta

☑ Redimensionar imagen al pegar o colocar

☑ Zoom animado

☐ Zoom cambia el tamaño de las ventanas

☑ Zoom con rueda de desplazamiento

☐ Centrar en el punto en el que se ha hecho clic

☑ Activar panorámicas manuales

Es recomendable no tocar demasiadas opciones, dado que si nuestro trabajo lo realizamos en distintos equipos, o en distintas empresas, deberíamos seguir los estándares que se usan en Photoshop…

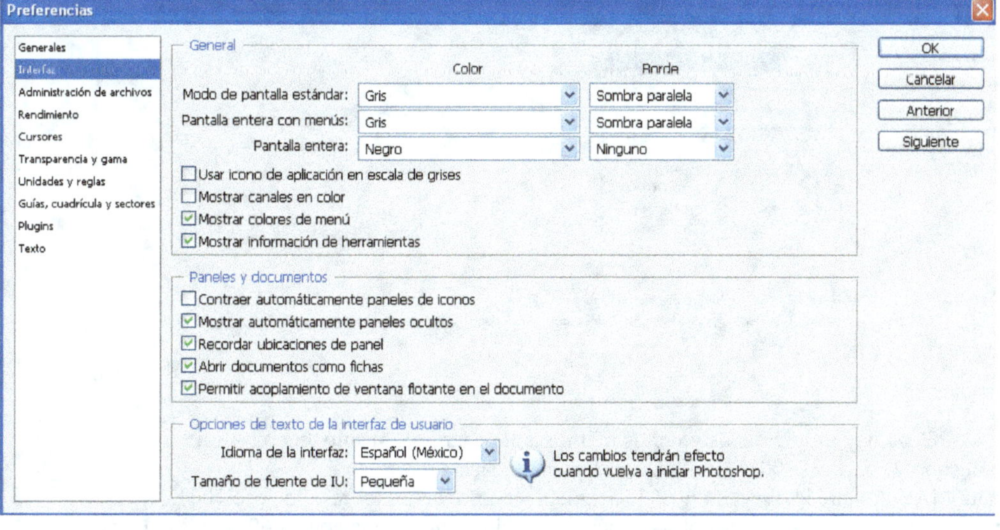

Este apartado nos ayuda a configurar las opciones de visualización de la interfaz, no es recomendable tocarlo, por lo comentado anteriormente.

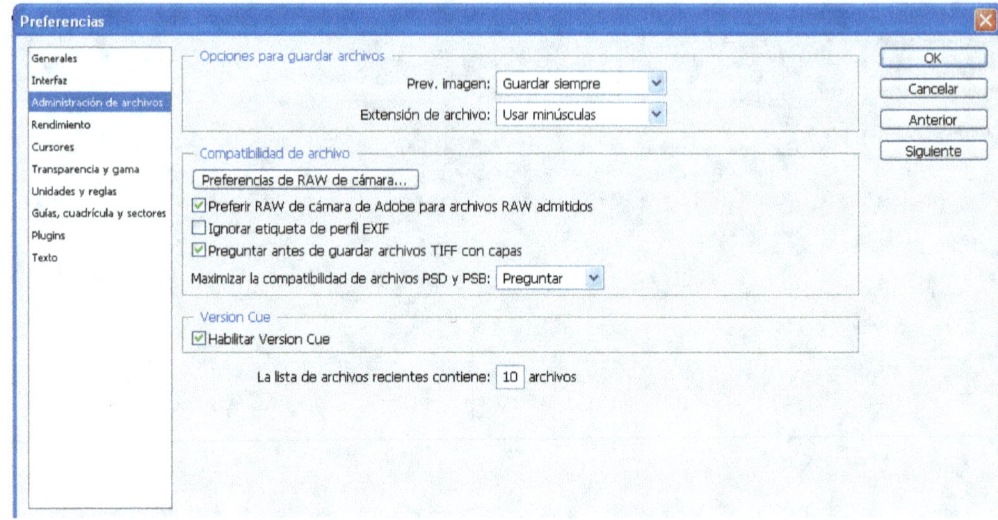

Una imagen RAW es igual que las imágenes normales, pero trae todo el especto de color que es capaz de captar la cámara, es decir, una imagen de noche en RAW podemos gestionarle el color con perfiles. Esto sería como ajustar los niveles de blanco, la apertura y demás en la propia cámara, pero Photoshop nos facilita ese trabajo, haciendo posible simplemente, echar la foto con la cámara, y en Photoshop ya ajustaremos.
Se puede llegar a echar fotos con todo en negro, y al ajustarla en Photoshop quitamos los negros y aparecerá todo.

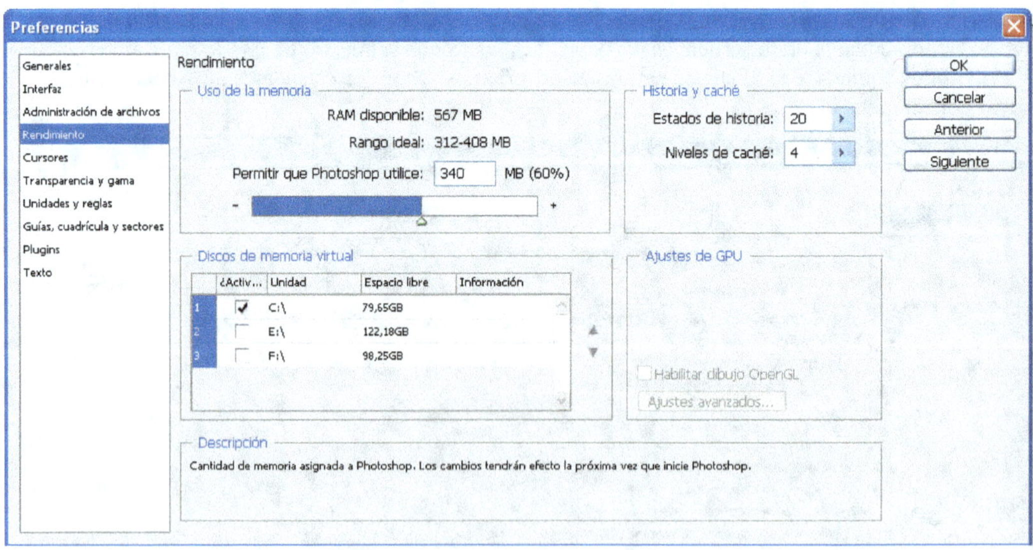

En un PC, no hay problema, asignamos memoria al programa, si solo tenemos abierto Photoshop, le daría el 100%, aunque como poco le daría un 60%.
En un MAC aunque le digas un 60% le asignará siempre un 60, el resto de ese 100%, que sería un 40% si no hay abiertas otras aplicaciones Photoshop sigue con su 60%, el MAC, no asignaría ese 40% al programa.

Historia: hace referencia a la opción de Ventana / historia, significa que cuantos pasos almacernará en memoria.

Niveles de caché: Esto hace referencia al refresco de la pantalla, si por ejemplo, tarda mucho en aumentar o reducir la pantalla, podríamos probar a poner los niveles en 8.

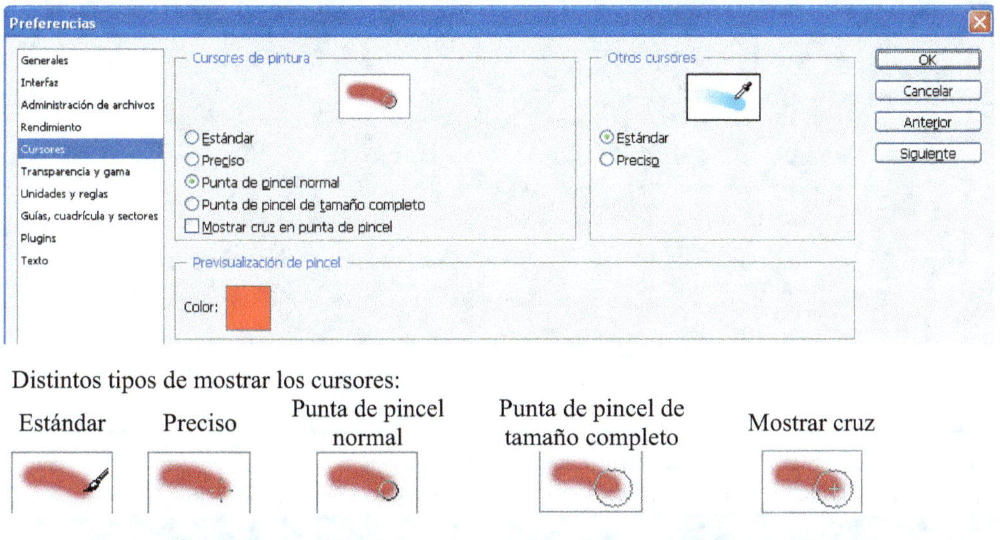

Distintos tipos de mostrar los cursores:

| Estándar | Preciso | Punta de pincel normal | Punta de pincel de tamaño completo | Mostrar cruz |

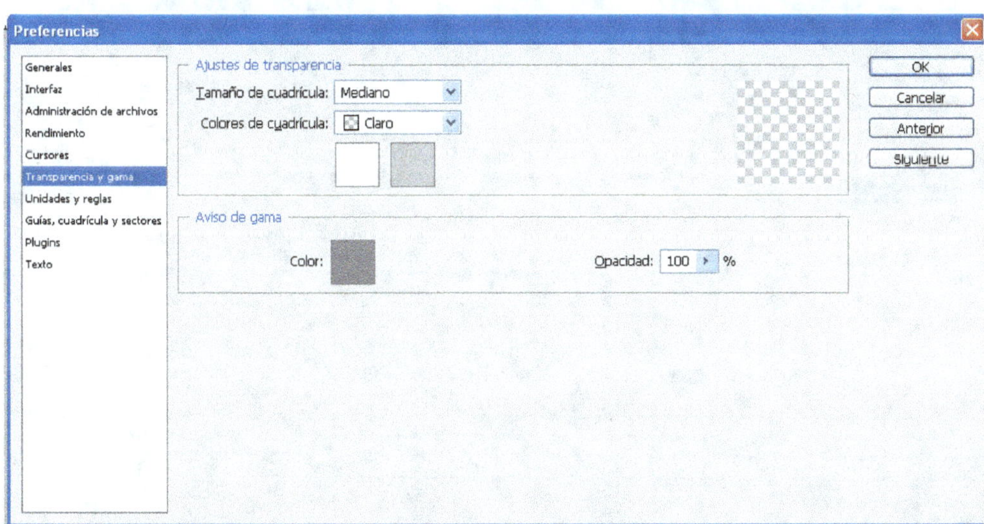

Mostrar la transparencia del documento, es decir, cuando tenemos 1 capa en modo editable, y borramos, aquí designaremos como mostrar ese fondo:

Distintos tipos de cuadrículas:

Ninguna   Pequeña   Mediana   Grande

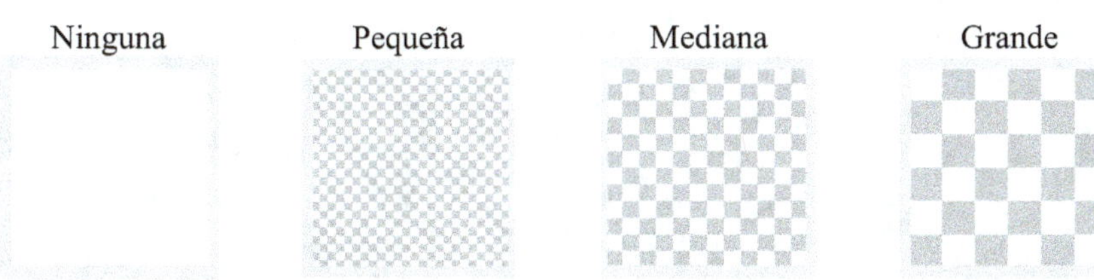

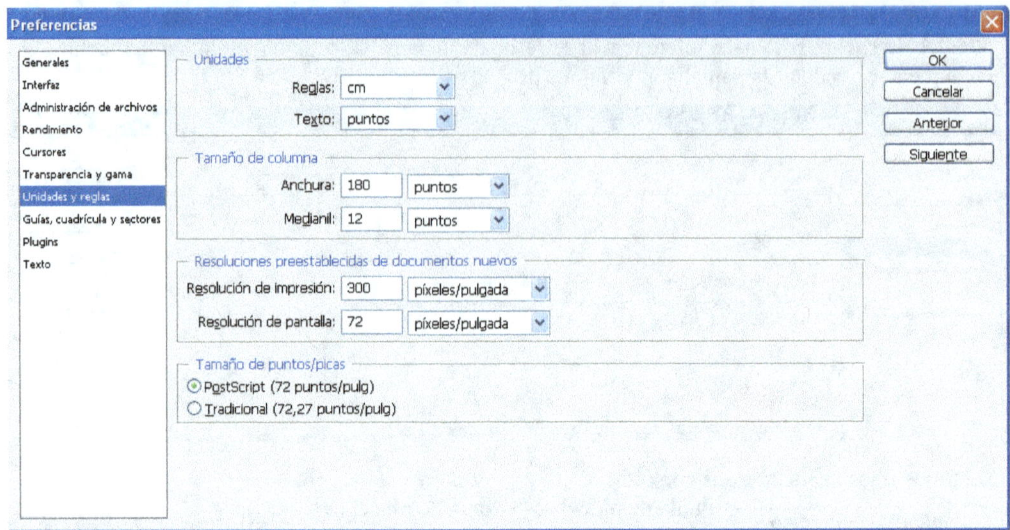

Tamaño de medida de las unidades. (1mm son 4 puntos)
PostScript: es un lenguaje de comunicación, es en el que se comunica con la impresora, etc.

Configuración de las guías, cuadrículas y sectores. Este apartado tampoco es recomendable tocarlo, por los mismos motivos que anteriormente, no sea que tengamos problemas a la hora de ir a otros equipos, si hay líneas en cian, ya sabremos que son guías…

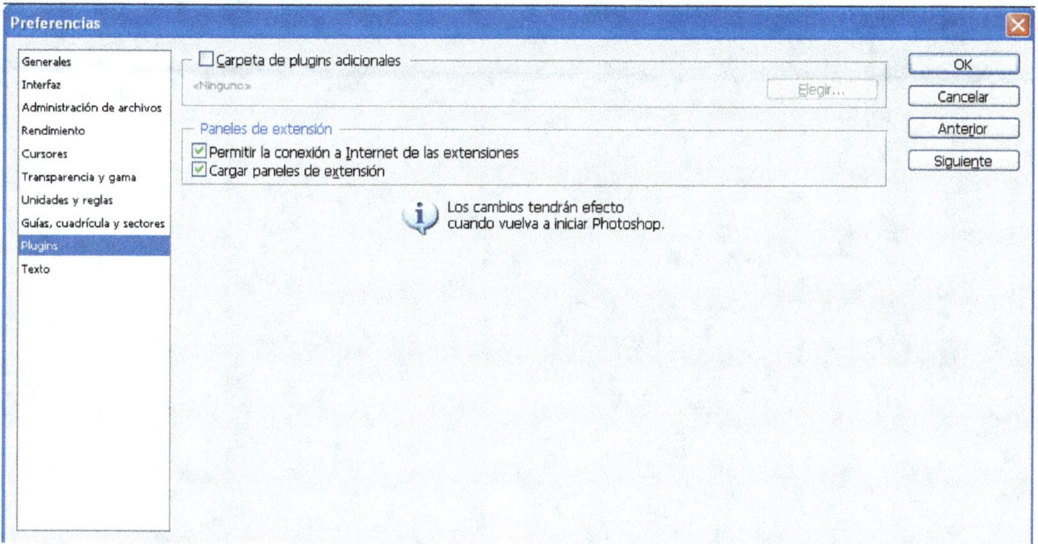

Este es el lugar donde pondremos los plug-ins que queremos que tenga Photoshop, podemos elegirlos de una carpeta:

Ahí elegiremos la carpeta adecuada donde tendremos nuestros plug-ins, aunque es mejor instalarlos directamente en la carpeta de plug-ins de Photoshop, así evitaremos problemas.

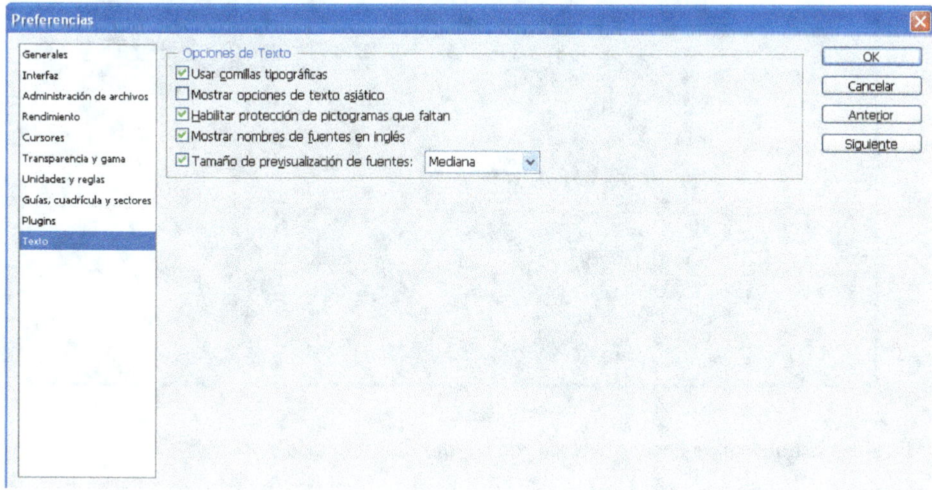

Esto no tiene mayor complejidad…

26.- Menú Archivo.

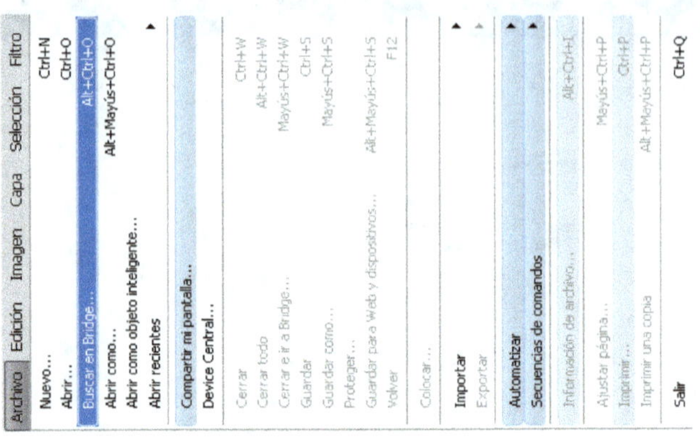

Buscar en Bridge: (Es como un explorador de Wwindows).

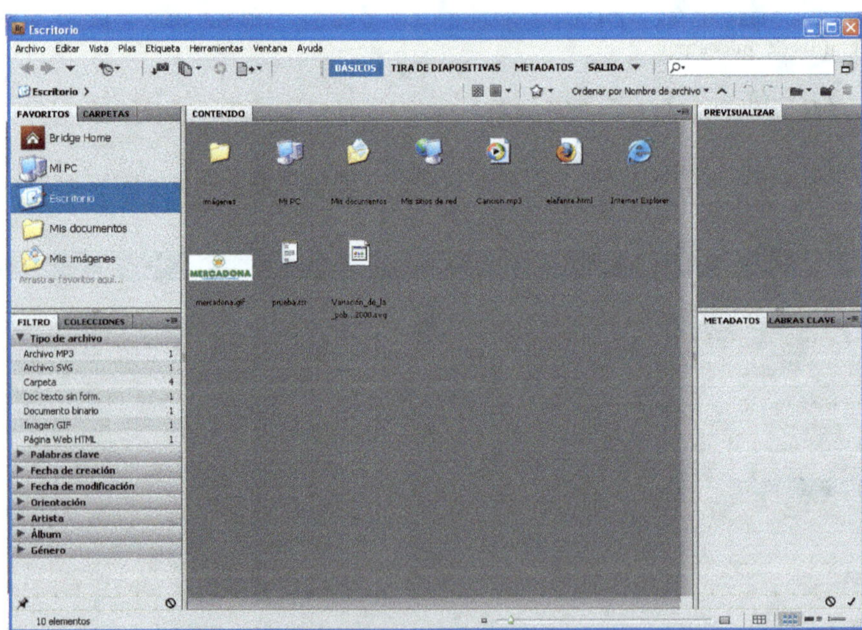

Device central es para hacer interfaces de los móviles y demás.

Manejo del documento:

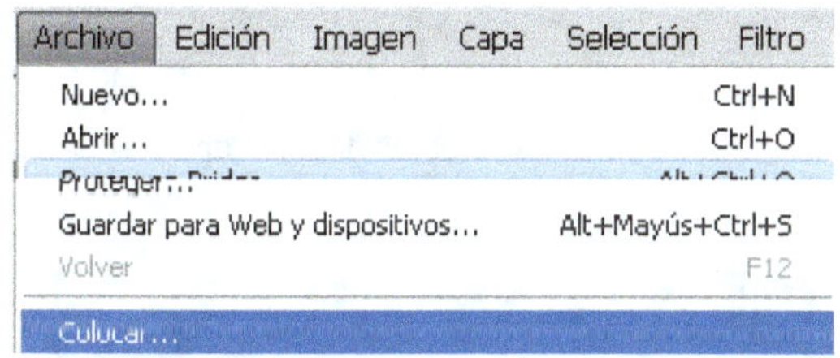

Cerrar: Cierra el documento actualmente abierto.

Cerrar todo: Cierra todos los documentos abiertos en Photoshop.

Cerrar e ir a Bridge…: Cierra el documento actual, y va a Bridge para encontrar u abrir otro archivo.

Guardar: Guarda el documento actual, si no ha sido guardado en ninguna otra ocasión, pedirá un sitio y nombre donde guardar.

Guardar como: Guarda el documento y muestra un cuadro de diálogo donde podremos seleccionar la carpeta y poner un nombre para guardar.

Proteger: No se muy bien su función, dado que es muy parecido a guardar como.

Guardar para Web y dispositivos: Facilita la creación de archivos HTML con imágenes, y permite bajar el tamaño de las mismas, sin reducir mucho su calidad.

Volver: Sólo estará activo, si hemos realizado algo en el documento, volviendo al estado en que se guardó por última vez el mismo.

Colocar: Nos permite importar un documento que acepte Photoshop y posicionarlo en el documento actual.

Tampoco le he encontrado alguna utilidad.

Importar, sirve para traer fotografías o archivos desde un scanner, webcam o demás periféricos.

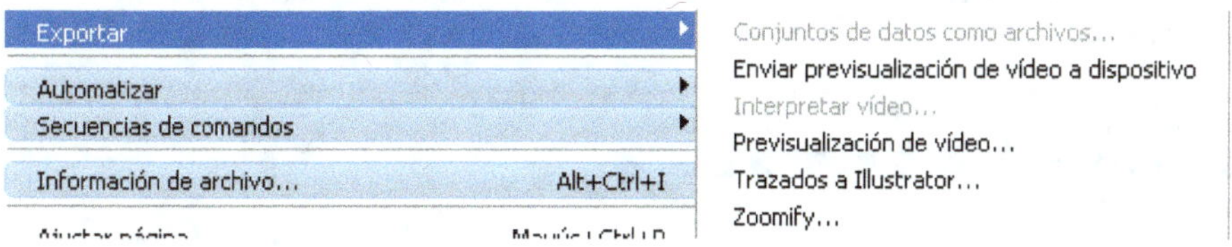

Podremos enviar nuestro archivo a otros programas, tipo Illustrator o a un video.

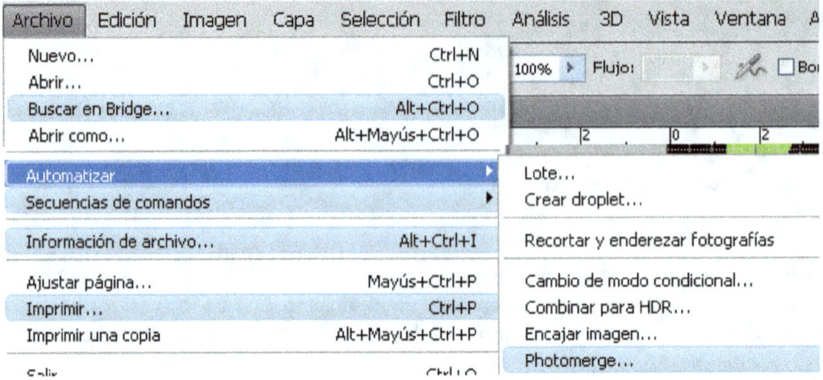

Esta opción la hemos visto en otros apartados.

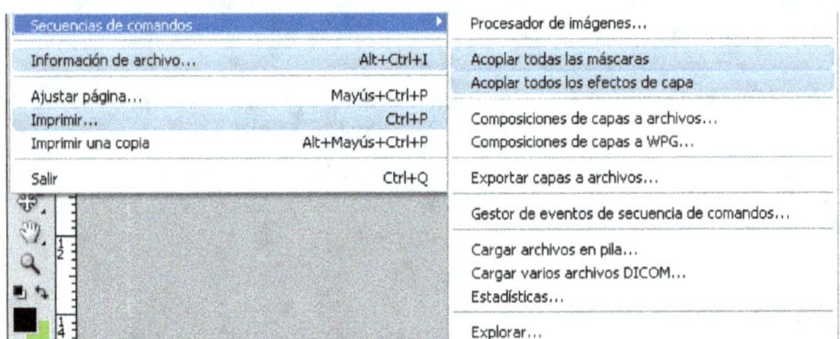

esto tampoco le he encontrado mucho utilidad, más que acoplar efectos de una capa y acoplar máscaras.

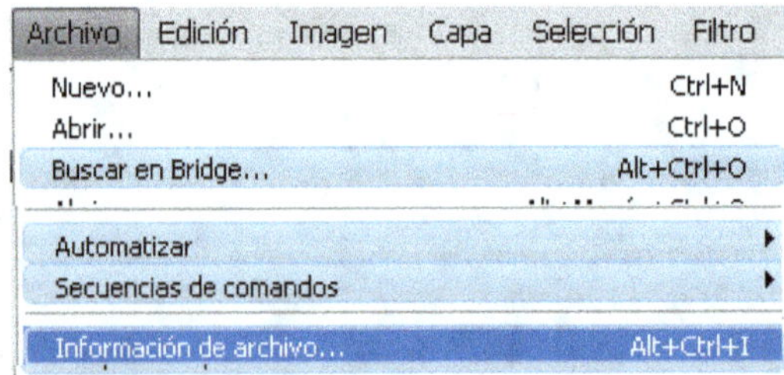

Nos abrirá una ventana en la que podremos cambiar absolutamente toda la información a nuestro documento, ponerle nombre, autor, configurarle parámetros al abrirse con otros programas…etc

Ajustar página: Abre una ventana donde configuraremos el tipo de papel para el documento.
Imprimir: imprimirá nuestro documento por la impresora que elijamos.
Imprimir una copia: Imprime el documento con la impresora predeterminada.